종교의 매트릭스와
우주의 진실

의식상승시리즈 5

종교의 매트릭스와
우주의 진실

우 데 카 지음

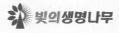

목차

<의식상승 시리즈>를 읽기에 앞서

1. 이 책이 나오기까지

이 책은 우데카 팀장이 「빛의 생명나무」라는 카페를 통해 <영성인의 허상 시리즈>로 연재한 글을 재구성하여 펴낸 것입니다. 글이 시처럼 쓰여져 있기 때문에 처음 보는 분은 낯설게 느낄 수 있습니다. 그러나 우데카 팀장이 글을 쓰는 모습을 보면 그 이유를 알게 됩니다. 바쁜 일상 속에 잠시 짬이 나면 **낡은 폴더폰을 열어 한 땀 한 땀 수를 놓듯** 독수리 타법으로 정성스럽게 일필휘지^{一筆揮之}로 글을 써내려가며, 퇴고 없이 바로 카페에 글을 올립니다. 글이 길어 화면에 잘리면 줄을 바꾸고 그렇게 하다 보니 우데카 팀장만의 독특한 스타일의 글이 나온 것입니다.

2. 저자 우데카 팀장은 누구인가?

'우데카'라는 필명은 3년 전에 **'우주의 섭리를 바로잡는다'**라는 뜻으로 하늘이 채널러^{channeler}를 통해 내려준 이름입니다. 팀장님 말씀으로는 '굳이 싫다는데~' 하늘이 이름과 사명을 부여했다고 합니다.

우데카 팀장은 한 줄기 빛과 같은 분입니다. 하늘에 대한 믿음과 빛의 방식을 고집하는 그 분에게 세상의 부귀영화는 아무런 의미가 없습니다. 하늘과 소통하면서 어떨 땐 하늘과 맞서 싸우기도 하는 당당함을 보면 불경^{不敬}한 것처럼 보이지만 '하늘이 일하는 방식'을 가장 잘 아는 분이라고 여겨집니다.

우데카 팀장은 9세 때 워크인^{walk-in, 영혼교체}이 되면서 언어장애(봉인^{封印})가 생겨 12년 동안 말 한마디를 제대로 못하였습니다. 철저한 고독 속에서 끊임없는 내면과의 대화와 사색과 독서로 일찍부터 종교, 철학, 사상 등을 두루 섭렵하였습니다. 대학 1학년 때 말문이 열리기 시작하였고, 생이지지^{生而知之}의 지혜와 지식으로 종교인, 교수, 한의사, 의사를 비롯한 일반인을 상대로 **기존관념을 깨는 파격적인 강의**를 시작하여 20여 년 동안 수많은 강의를 무료로 해오신 분입니다. 지금도 교안 하나 없이 하루종일 강의하는 것이 신기할 뿐입니다.

3. 「빛의 생명나무」에서 축적한 생생한 영적 체험담이자 대우주의 비밀

「빛의 생명나무」는 수많은 채널러와 영안이 열린 사람(홀로그래머^{hologramer})을 육성해 내고 있으며, 끊임없이 하늘과 소통하고 의식각성을 위해 공부하는 곳입니다. 우주와 신, 영혼과 종교, 인류의 역사와 미래, 인체의 신비와 한의학 세계 등 그동안 베일에 가려져 있었던 신비의 영역과 우주의 비밀을 하나하나 밝혀내고 있습니다.

하늘의 진리를 듣고 보면서 지금까지 그 누구도 접하지 못했던 놀라운 사실들에 스스로도 적잖이 놀라지 않을 수 없었습니다. 진리에 대한 철저한 검증을 위해 하늘의 소식이라 할지라도 메시지의 근원과 '진실도'를 항상 체크해야 한다는 것을 처음으로 밝힌 분도 우데카 팀장이었습니다. 수많은 시간을 하늘과 소통하며 공부하고 축적한 방대한 지식과 정보들 중 일부를 인류의 의식 상승을 위해 출판하게 된 것입니다.

이 책은 철학적 사유만으로 혹은 고전을 인용한 짜깁기식의 책이 아니라 「빛의 생명나무」에서 있었던 생생한 영적 체험담이자 우주이법에 대한 진지한 탐구의 결과입니다. 본서는 진리에 목말라 하는 인류에게 최고의 선물이요 앞으로 경제공황과 자연재해를 속수무책으로 맞이할 인류에게 새로운 이정표가 될 것입니다.

4. 지금 우리는 어떤 시대에 살고 있는가?

지금 우리는 그 어느 때보다도 물질의 풍족함 속에서 살아가고 있습니다. 이런 현대인의 삶을 3차원적 삶이라고 말합니다. 눈에 보이는 물질과 그것을 뒷받침하는 과학이 이룩한 의식이라고 할 수 있습니다. 그러나 이 세상에는 보이지 않는 세계도 존재합니다. 영혼과 귀신, 한의학의 기의 세계 등은 보이지 않지만 엄연히 존재하는 세계이며 이들은 4차원 이상의 세계입니다.

우리가 사는 지구행성은 3차원에 최적화되어 설계되었습니다. 눈과 귀로 보고 들을 수 있는 빛과 소리의 영역이 3차원적 세계로 제한된 것이 그 예입니다. 3차원을 사는 사람이 귀신 이야기를 하면 이상하게 보이는 것이 당연합니다. 이것은 차원의 차이에서 비롯된 것입니다.

그런데 하늘은 이 시대가 '차원상승의 시대'라고 전합니다. 3차원의 지구행성이 5차원으로 상승하는 변혁기라고 합니다. 90% 이상의 현대인들이 3차원적인 몸과 의식으로 살아가고 있는데, 지구행성은 5차원으로 껑충 도약을 한다는 것입니다. 하늘은 이제 광자대$^{\text{Photon Belt}}$와 36가지 창조근원의 빛을 통해 인류의 몸과 의식을 깨우며 바빠지기 시작했습니다. 이 책 역시 지구의 차원상승과 대우주의 변화가 임박한 시점에서 어둠을 밝혀주는 생명의 서書이자 새로운 시대를 여는 하늘의 소리라는 시대적 사명을 갖고 있습니다.

하늘의 문은 참 좁습니다. 5차원의 문도 좁습니다. 우리의 의식은 3차원 물질에 대한 욕망과 집착을 내려놓고 사랑으로 채워야 합니다. 기존의 지구라는 '우물 안'을 벗어나 대우주의 일원으로 의식의 확장과 하늘과의 소통이 이루어져야 합니다. 내 것 네 것 따지고 옳고 그른 것을 따지는 자본주의와 사회적 정의에서 벗어나 너와 내가 하나 되는 전체의식과 빛과 어둠의 통합의식, 양심법에 따른 하늘마음을 키워나가야 합니다. 이것이 곧 의식의 상승이며 각성입니다. 이 책을 통해 대우주의 법칙에 눈을 떠 각자의 소임과 책임을 자각하고 지구의 5차원 문명을 여는 주역이 되시길 바랍니다.

5. 지금 가이아 지구에 무슨 일이 일어나고 있는가?

인류의 대다수는 여름옷을 입고 있습니다. 조만간 겨울의 강한 눈보라가 불어 닥칠 것입니다. 어떻게 여름옷으로 강추위와 눈보라를 이겨내겠습니까? 다른 사람의 옷을 빼앗아 입는 인자도 있을 것이며, 조금만 참으면 된다는 신념으로 더욱더 옷깃을 강하게 여미며 버티는 인자도 있을 것입니다. 그러나 눈보라와 강추위는 여름옷이 다 닳을 때까지 계속될 것입니다. 이것이 지금 이 가이아 지구에서 일어나고 있는 문제의 본질입니다.

이제 옷을 더 입는 방법이 아니라 옷을 벗고 실오라기 하나 걸치지 않은 내 모습을 마주하며 벌거벗고 추위에 떨고 있는 동료들과 함께 손을 잡고 서로의 체온을 나누십시오. 부끄럽지도 않으며 불편하지도 않으며 아무런 가식도 없는 그 마음 하나로 의식이 투명한 알몸으로 서로가 서로에게 힘이 되어 주십시오.

옷을 입고서는 예수님과 미륵을 만날 수 없습니다. 가식을 버리고 잘못된 신념이나 가치를 버리고 옳고 그르다는 편견을 버리고 모두가 하나의 의식으로 함께 하십시오.

두렵고 힘들고 고통스럽지만 더 많은 옷을 차지하기 위한 싸움으로는 승산이 없습니다. **낡은 의식의 옷을 벗고 낡은 가치를 내려놓고 서로가 서로를 의지해 가십시오. 이것이 바로 전체의식으로 가는 길이자 하늘의 좁은 문을 여는 길입니다.**

6. 본서는 어떻게 읽어야 하는가?

이 책의 내용은 처음 들어보는 새로운 이야기입니다. 문장 하나하나가 시처럼 되어 있듯 **이 책은 시집처럼 읽어주십시오.** 한 문장 한 문장을 음미하면서 정독精讀하고, 「빛의 생명나무」 온라인 카페도 가입하여 끊임없이 업데이트되고 있는 정보도 탐독眈讀하고, 「우주학교」 오프라인 강의도 들어보시길 추천합니다.

이 책은 인간 내면에서부터 광활한 대우주까지 방대한 주제를 다루고 있습니다. 사람의 의식수준은 천층 만층 다양해서 결국 자신이 준비한 그릇 만큼밖에는 볼 수 없는것이 현실입니다. 그마저 비우지 않는다면 새로운 지식은 결코 담기지 않을 것입니다. 이 책은 기존의 지식과는 판이하고 심지어 당연한 것으로 믿어왔던 사실과 정반대의 진실이 곳곳에 복병처럼 숨어있기에 한두 구절에 걸려 선택의 기로에 서서 머뭇거리며 서성대는 많은 독자분이 예상됩니다. 그런 독자분을 위해 **내면의 영적 소리와 끌림에 귀 기울이시기를 기도드립니다.** 당신은 몰라도 내면의 끌림은 자꾸 이 책을 뒤적이게 할 것입니다.

7. 감사의 글

끝으로 처음부터 한결같은 마음으로 팀원들과 동고동락하며 이끌어주시는 우데카 팀장님과 사랑과 자비, 연민 속에서 함께 하고자 마음을 내서 동참해주시는 「빛의 생명나무」 모든 회원님들께 사랑과 감사의 마음을 전합니다. 또한 언제나 저희와 함께 해주시는 가브리엘 그룹 천사님들을 비롯한 천상정부 천사님들과 수고해주신 수많은 천상의 고마운 분들께 감사와 존경을 표합니다. 끝으로 세상에 우연히 일어나는 일은 없듯이 이 책을 통해 앞으로 만날 독자분께도 깊이 감사드리며 다른 〈의식상승 시리즈〉에서 다시 만날 것을 고대하겠습니다.

2016년 2월 21일
편집자

독설이 가득한 파격적인 책

머리로 알고 있는 지식이
가슴으로 내려오는 데 걸리는 시간은
사람마다 서로 다릅니다.

머리에서 가슴으로 내려오고
손과 발로 행동으로 실천으로 이어질 때
우리는 그것을 의식의 각성이라고 부릅니다.
의식의 각성은
머리로 아는 것만으로 이루어 지지 않습니다.
의식의 각성은
내면화 과정을 거치면서
행동으로 실천으로 확장될 때만이
완성되는 것입니다.

머리로는 모든 것을 이해하고
머리로는 모든 것을 용서하고
머리로는 세상 만물을

사랑해야 한다는 것을 알지만
생활 속에서 일관된 펼쳐짐이 없다면
그것은 단지 요란한 구호에 지나지 않으며
형식적인 것에 머물고 마는 것이며
안타까운 시간 속에 머물면서
온갖 분별심으로 세상을 살게 되는 것입니다.

사람은 자신이 가지고 있는
의식의 틀과 인식의 틀 안에서
모든 것을 받아들이는 경향을 가지고 있습니다.
자신이 학습된 지식의 수준에서
자신이 믿고 있는 신념이나 종교의 수준에서
자신이 발딛고 있는 현실의 토대 위에서
자신의 경험에서 나오는 의식 수준에서
자신이 믿고 싶은 대로 믿게 되고
자신이 듣고 싶은 것만 듣게 되고
자신이 보고 싶은 것만 보게 되는
인식의 한계와 의식의 한계를 가지고

살 수밖에 없는 유한한 존재입니다.

이 글은 머리로만 살고 있는
종교인과 영성인에 대한
독설이 가득한 책이며
믿고 싶지 않고
듣고 싶지 않고
읽고 싶지 않은 내용들로 이루어져 있으며
지금 인류의 의식 수준으로는 도저히
받아들일 수 없는 내용들로 가득차 있습니다.

파격적인 내용만큼
귀에 거슬리고
눈에 가시가 되고
소화되지 못하는 내용이 많을 것이며
우데카에 대한 비판과 오해가
쏟아질 수 있는 책이 될 것입니다.

그 비판이 자기 자신에게 향하든

우데카에게 향하든
그것은 이 글을 읽는 독자의 의식수준에서
결정된다는 것을 알기에
모든 판단은 독자 여러분의 몫으로
남기고자 합니다.

2016년 2월 20일
청주에서
우 데 카

1부
영성인의 오해와 편견

'나는 신이다'의 두 얼굴

'나는 신이다!'
누구에게는 신성 모독을 뜻하는 말로
누구에게는 정말 그럴까?
이렇게 초라하고 별 볼 일 없는 내가 신이라고?
누구에게는 별 미친놈들 허튼소리 하고 있네.

종교인이 '나는 신이다'라는 말에
거부감을 가진 사람이라면
영성인*은 '나는 신이다'라는
말에 거부감은 없으나
하는 행동은 종교인과 똑같지요.

자신의 신성함을 인지하고
신성함을 삶에서 체험하고
신성함을 확장하고 확장해서
사랑을 완성하고 우리 모두가 신이 되는
만인성불萬人成佛*의 시대를 열기 위해
도와주러 온 사람을
'빛의 일꾼*'이라고 합니다.

이것도 모르고 아무것도 모르고
'나는 신이다'라는 겉모습에 취해

영성인(靈性人)

영혼의 신성함을 믿기 때문에 자신의 내면에서 신을 찾고 영혼의 진화를 위한 삶을 지향하는 사람
나를 믿고
나를 사랑하고
나를 의지하며
묵묵히 갈 수 있을 때만이 영적 독립을 이룬 진정한 영성인이 될 것입니다.

만인성불(萬人成佛)

모든 사람이 부처가 된다는 뜻으로 깨달음의 대중화, 보편화를 의미함. 이것은 개인적인 노력으로 이루어지는 것이 아니라 대우주의 구조적인 변화와 더불어 열리는 지구 5차원 문명의 모습이며, 모든 종교가 예언했던 이상향인 천국, 대동세계, 선경세계, 낙원세계의 한 측면임.

빛의 일꾼

지구 차원상승을 맞이하여 상승하는 영혼의 차원 상승을 돕기 위해 희생·봉사하러 고차원에서 하강한 영혼으로 144,000명으로 알려져 있음. (「144,000과 12 차크라」 참조)

자유의지(free will)

인간이 자기 영혼의 진화와 인생 프로그램을 스스로 선택하고 결정할 수 있는 권리. 자유의지는 상위자아뿐만 아니라 창조주라 하여도 결코 침해할 수 없는 인간(아바타)의 신성한 주권임. 따라서 상위자아의 개입 역시 자유의지를 침해하지 않는 범위 내에서 이루어짐. 인간의 자유의지가 상위자아의 뜻에 부합하는 것이 곧 상위자아와의 합일이며 불교에서 말하는 견성(見性)이고 깨달음임.

**에고
(ego, self, 자아自我)**

희로애락을 느끼는 감정체이자 욕망의 화신이며 시시비비를 판단하는 생각과 분별의식의 주체로 '나 자신'을 가리킴. 종종 의식이 깨어나지 못해 부정성에 휘둘리는 어린아이로 비유됨.

자유의지❖를 남용하며 타인을 지적하는데

어느새 익숙해져 있고

70억 인류의 아픔과 슬픔

병든 자들의 아픔은 외면하면서

신도 모자라 창조근원을 자칭하고

머리는 텅 비고

가슴은 메말라버린 우물이면서도

자신은 특별하다는 자만과 교만으로

하늘의 분별력 시험을 통과하지 못해

특별한 구원관을 가지고

자신이 우월한 신이라는

믿음으로 동지들의 발을 묶고

동료들의 발을 묶고

내 이웃의 눈을 멀게 하면서도

'나는 신이다'라는 허상에 갇혀

특별한 능력을 가진 사람을 찾아

물건을 쇼핑하듯

영성계 이곳저곳을 쇼핑하면서

어설픈 판단의 잣대로 점점

'아무것도 모르는 사람'이 되어가고 있습니다.

자신이 누구인지조차 모른 채

'나는 특별하다'는

고무신보다도 못한 특별신에 **빠져**

스스로를 에고❖의 감옥에 감금하고 오히려

인류의 진동수를 떨어뜨리고 있으면서
홀로 명상하고
홀로 앉아 기도하고
낮은 레벨의 빛을 보는 수준❖에 만족해
주저앉아 버리고
진실도❖가 형편없는 채널 메시지에 빠져
더 큰 우주의 질서와
더 큰 그림을 보지 못하고
우물 안 개구리로 살면서
도전하지 않고
성실하지 않으면서
오염된 세상의 텍스트 안에서 살아가고 있습니다.

도대체 그대는 무엇을 하려 하는가?
진리는 상식 이상의 것이 아닌데
어디서 고상한 지식과 진리를 찾는가?
또 다른 신이 필요해서
또 다른 신을 찾아 가려고
보따리를 또 싸고 있는가?

당신이 신이라고 확신한다면
인연과 사연의 보따리를 풀고
이제 무거운 편견과 아집과
에고의 짐을 벗어 버리고
신나게 한번 놀아봄이 어떤가?

빛을 보는 수준(레벨)

빛을 보는 수준은 12단계, 소리를 듣는 수준은 총 10단계로 구분되며, 단계가 높을수록 하늘과 정확하고 구체적인 소통이 가능함.

진실도

진리, 진실과 부합되는 정도. 채널링 메시지는 '우주적 진리'를 채널러의 의식과 지구의 언어 등으로 표현하는 과정에서 본래의 의미를 그대로 드러내지 못함으로써 진실도가 저하됨. 차크라 연결과 의식각성 없이는 84% 이상의 진실도를 유지하기 어려움.

신명나게 빛의 일을 해야 하지 않겠는가?
그래야 빛의 일꾼이라 하지 않겠는가?
신이 되는 공부를 그렇게 했으면서도
아직 그대는 홀로 앉아 방구들만 지고
머리로만 깨닫기를 바라고 있는가?

신은 언제나
그대의 가슴에 함께하고 있음을 기억하시게나.
어둠의 천사들도
자신의 임무를 다 마치고
천상으로 복귀할 때에는
뱀과 코브라, 박쥐의 형상을 벗어 던지고
본래의 밝은 빛을 드러내며
천상으로 복귀한다는 사실을 알려줌세.

모두가 에고의 탈을 벗고 나면
너무 예쁘고
너무 아름답고
너무 순수하고
너무 사랑스럽다네.

'나는 신이다'가 던지는 메시지

서양의 뉴에이지 사상✧과
신지학✧의 영향을 받은 사상이
세상에 나오면서
나도 신이고
너도 신이고
우리 모두가 신이니까
우리는 그냥 이 물질세상에서
잘 놀다가
잘 느끼다가
내 마음으로 세상을 즐기다가 가면
그만인 것으로 생각하고 있는 사람이 많습니다.

주변의 지인들 중에도
「신과 나눈 이야기」✧를 읽고 난 뒤
그동안 참고 억눌러 왔던
성욕이 잘못된 것이 아니라
사랑하는 사람끼리는
자유롭게 사랑하는 것이라는 부분을 읽고
성적인 해방을 선언하면서
그야말로 댐이 터지듯 성 에너지를
마음껏 분출하는 사람을 보게 됩니다.
「신과 나눈 이야기」를 읽고
뉴에이지 사상과 신지학과 관련된

뉴에이지(New Age) 사상

물질주의가 만연한 20세기 말엽, 영적 공허감을 극복하기 위해 등장한 신문화 운동. 인간의 영적 각성과 잠재능력을 계발하고 우주적, 신비적 경지에 도달하기 위해 종교, 과학, 심리, 정신분석 등을 융합함.

신지학(神智學)

인간적인 지식과 인식능력을 초월하여 신비적인 체험이나 특별한 신의 계시에 의하여 알게 되는 철학적·종교적 지혜와 지식.

「신과 나눈 이야기」

전 세계 수많은 사람들에게 인생과 세상 그리고 신에 대한 새로운 깨달음을 제시한 세계적인 베스트셀러로 3부작으로 구성되어 있음.

서적을 읽고 내면의 억압된
에너지의 불균형을 찾으려는 행동은
충분히 이해가 되지만
이러한 사상이나 글에서
진짜 하고 싶고 전하고 싶은 본질이
무엇인지 한번 생각해볼 문제인 것입니다.

뉴에이지 사상과 신지학은
지구 영단의 대백색 형제단에서 기획한 것이고
「신과 나눈 이야기」는 닐 도날드 월시라는 분의
내면과의 대화를 기록한 것으로
그의 상위자아이며
지구 행성의 로고스로 있는 분이며
한국의 대웅전에 제일 많이 모셔져 있는
석가모니께서 자신의 아바타❖에게
직접 주는 메시지입니다.

하늘이 메시지를 줄 때에는 양면의 칼날이 있는데
진실을 거짓과 함께 섞어서 줄 때가 많고
거짓 속에 진실을 함께 섞어서 줄 때가 있으며
전체적인 인류 역사의 큰 그림 속에
그 메시지의 진실도를 적절히 조율하여 줍니다.
뉴에이지나 신지학 관련 메시지는
그 시점 그 시기에 그 때의 시절인연에 맞게
진실도는 높지 않으나

아바타(Avatar)
분신(分身), 화신(化身).
지구의 모든 인간은 육신
이라는 옷을 입고 살아가
는 고차원 영혼의 아바타
임.

AVATAR(2009)
원격조정이 가능한 아바
타를 소재로 한 SF영화.

천상에서 전달하려는 중요한 내용은 이미
충분히 전달되었습니다.

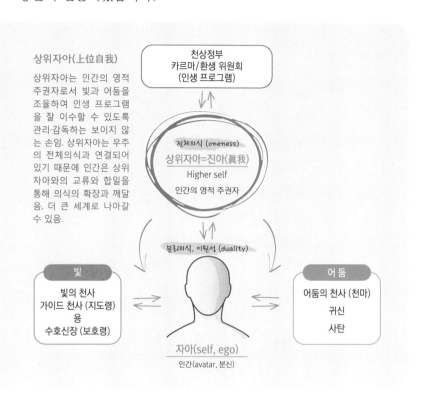

대부분의 영성인들은
이러한 천상의 의도를 눈치채지 못하고
대백색 형제단이나 뉴에이지 사상을
전부 어둠의 정부에서 나온 것이라 믿고
에고의 꼴통 속에 옳고 그름만을 논하면서
펄쩍펄쩍 날뛰고 있으며, 그 모습들 속에서
그들이 갖고 있는 허구성 또한 보게 됩니다.

천상정부(天上政府)

지구행성의 모든 일을 관리·통제하는 하늘의 영적 정부. 지상의 행정부와 그 역할이 비슷하다 하여 붙인 명칭. 6차원에 12 천사 그룹 중심으로 구성되어 있으며 가브리엘 천사가 대표를 맡고 있음.

어둠의 역할이든 빛의 역할이든
모든 것은 천상정부❖의 공식 임무입니다.
천상정부의 통제를 벗어나는 것은
아무것도 없으며 이것이
완전한 통제의 한 측면입니다.

창조근원 놀이를 즐기는 영성인과
우주선을 기다리는
특별한 구원의 방식을 고집하는 사람과
옳고 그름의 함정 속에서
에고의 칼을 정의의 칼로 착각하는 사람과
아직도 수련이 부족해서
수련을 더 못해 깨닫지 못했다는 미련이 많아서
가부좌와 명상음악 속에서
폼 나는 깨달음을 추구하는
점잖은 사람이 아직도 많습니다.

'예수 천당! 불신 지옥!'을 외치는
일차원적 사고 구조를 갖고
자신의 신념밖에 모르며
자신의 신념밖에 인정할 줄 모르는 사람 또한
영성인의 대다수를 차지하고 있습니다.

더 좋은 곳, 더 획기적인 곳,
더 신비스럽고 이적과 기적을 행하는 곳,

더 나은 곳이 없나를 반복하며
쇼핑중독처럼 영성계를 헤매고
기웃거리고 있는 사람이 많습니다.

아직 시간이 많이 남아 있고
아직은 더 간을 보면서 지켜보고 있다가
'또 속을지 몰라 조심해야 돼'라고 생각하는 사람과
아무것도 모르면서 정말 아무것도 모르면서
지식 몇 사발을 가지고
우물 안의 우물을 넓히려고 최선을 다하는
교만과 자만이 가득한 사람이
온라인에 숨어서 비난의 댓글이나 쓸 줄 알지
오프라인은 겁나서 나오지 못하는
사람이 대부분이라는 것이
우리나라 영성계의 슬픈 현실입니다.

스스로 내면화하고 분별력을 갖춘 인자만이
스스로 피는 꽃이 되고 열매가 될 것입니다.
이것이 '나는 신이다'라는 메시지가 던지는
진정한 의미입니다.
그렇게 될 것이고
그렇게 되었습니다.

채널링 메시지를 어떻게 대할 것인가?

국내의 영성인들 대부분이
서양의 채널링 메시지나
서양의 뉴에이지 사상의 영향을 받으며
공부를 하였으며
의식을 확장시켜 왔습니다.
채널링과 채널러, 홀로그래머✧ 등의 용어도
매우 낯설고 이해하기 어렵고
난해한 채널링 메세지들을 읽다 보면
내용이 선명하게 정리되는 것이 아니라
머릿속이 더 복잡해지는 것을
종종 경험하였을 것입니다.

지식인 중심으로
관심있는 소수의 영성인 중심으로
지구 대기권을 벗어나는 이야기를
호기심 반 믿음 반
반신반의하는 마음으로
절실함이 없는 믿음으로
채널링 메시지를 대하다 보니
일정한 인식의 기준 틀을 정하는 것조차도
어렵게 되었습니다.
그 결과 자기 수준에서 아전인수격으로

채널러(channeler)와
홀로그래머
(hologramer)

채널러는 다차원 행성인
지구에서 영적 소통을 하
는 중개인이며, 홀로그래
머는 천상정부의 가브리
엘 영상팀이 보여주는 영
상 메시지를 볼 수 있는
사람으로 영안(靈眼), 제3
의 눈(third eye), 관법(灌
法)이 열린 사람.

채널링의 개념도

채널러가 식물과 대화한다고 하여 채널러와 식물이 직접 의사소통을 하는 것은 아닙니다. 채널러가 다른 차원의 존재와 채널링을 하기 위해서는 반드시 천상정부 가브리엘 그룹으로부터 채널에 대한 권한을 부여받고 중재를 받아야 가능하며, 천상정부는 우주의 전체의식 속에서 모든 만물과 정보를 공유하여 채널러가 요청한 메세지를 발송합니다. 이 모든 과정에서 천사들이 봉사하고 있습니다.

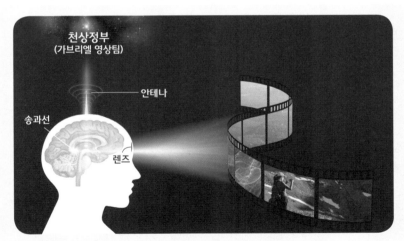

홀로그래머(hologramer)와 빛을 보는 원리

빛을 본다는 것은 송과선과 인당의 활성화를 통해 육안으로 보이지 않는 세계를 본다는 의미로, 흔히 영안(靈眼), 신안(神眼), 심안(心眼) 혹은 제3의 눈(the Third Eye)으로도 불립니다. 송과체와 인당 사이에는 영적인 렌즈가 있으며 그 렌즈의 미세조정을 통해 영상을 선명하게 볼 수 있습니다. 빛을 보는 사람을 「빛의 생명나무」에서는 홀로그래머라고 하는데, 홀로그래머의 요청에 의해 영상을 송신하는 업무를 담당하는 곳은 천상정부의 가브리엘(Gabriel) 그룹 영상팀입니다.

이해하는 경우가 발생하였습니다.
채널링 메시지가 워낙 황당무계하고
너무나 많은 거짓 내용으로 가득 차 있으며
세상에 공개되는 메시지 대부분은
보이지 않는 손에 의해 왜곡되고 가공되어
세상에 공표되었습니다.

차원상승

낮은 차원에서 높은 차원
으로 이동하는 것을 차원
상승이라고 하는데, 이때
에는 필연적으로 대격변
의 과정을 겪게 됨. 지구
행성은 곧 3차원에서 5차
원으로 차원상승할 예정
임.

하늘의 소리로
예언의 형태로
지구 차원상승✦의 메시지로 읽어온
대부분의 채널링 메시지가
진실도가 형편없는 오염된 텍스트라는 것을
인지할 수 있는 분별력을 갖춘
독자층이 형성되지 못하였습니다.

자기 의식수준에서 받아들이면서
오염된 텍스트라는 것을 모르면서
채널 진실도가 얼마나 되는지 알지 못하면서
채널을 주는 자의 신분이 누구인지 모르면서
채널을 주는 자의 목적을 알지 못하면서
채널을 받는 사람의 의식수준을 모르면서
채널의 출처가 빛, 중간, 어둠에서 오는 것이라는
기본적인 지식마저 없는 상태에서
하늘의 소리
천사의 소리라고 그냥 맹목적으로 믿다가

큰 실망을 하고
영성계를 떠난 사람이 대부분입니다.
증권가의 찌라시처럼 '믿거나 말거나'식의
가십거리와 종말론의 연장선상에서
허무맹랑한 소리로 치부되었으며
심지어 채널링과 채널러, 홀로그래머 등의
용어조차 한 번도 들어보지 못한 사람이
인류의 90% 이상입니다.

채널링과 유사한 용어가
동양에서는 여시아문如是我聞◆의 세계입니다.
수행자 일부가 체험을 통해 받은 내용이
주변인을 통해 전달되고 확산되고 있으며
관법觀法과 청법聽法◆등이
자칭 도사라 칭하는 사람을 통해
기독교인의 방언을 통해
무속인의 아는 소리를 통해
대중에게 이미 하늘의 소리로 알려져 있는
채널링은 뿌리 깊숙이
대중의 삶과 호흡을 같이하여 왔습니다.

하늘의 소리에는 공짜가 없으며
진실 속에 가짜가 있으며
가짜 속에 진실이 숨어 있습니다.
무엇을 믿을 것이고

LISTEN TO
THE VOICE
OF GOD!

여시아문(如是我聞)
'나는 이와 같이 들었다'
는 뜻으로 대승불교 경전
의 첫 머리에 쓰는 말. 석
가모니가 설한 법이므로
그대로 믿고 의심하지 않
는다는 뜻.

관법(觀法)과 청법(聽法)
영적인 시각과 청각으로 공
간적, 차원간 거리를 초월하
여 보고 들을 수 있는 특수
능력.

무엇을 믿지 않을 것인가?
어떻게 진실여부를 가릴 것인가?
어디까지 그 내용을 믿을 것인가?
오직 당신의 의식수준에서
오직 당신의 자유의지의 범위 내에서
오직 당신의 분별력의 범위 내에서
여시아문(채널링과 영상)의 세계는
오직 그것을 듣고 보는
당신의 믿음과 당신의 자유의지와 관련된
분별력의 영역이며
그에 따른 모든 책임 또한
당신에게 있음을 잊지 마시기 바랍니다.

여시아문의 세계라!
의식이 각성되지 못한 사람에겐
자신의 의식을 가두는 감옥이 될 것이며
자신도 모르는 우주적 카르마✦의 덫이며
자신도 모르는 개인 카르마의 덫이 됩니다.
하늘이 일하는 방식을 온전히 깨닫기 위한
절체절명의 위기 속에 내던져진
당신의 모습을 똑바로 보시기 바랍니다.
믿음의 본질은
아무것도 보이지도 않고
아무것도 들리지 않지만
하늘을 믿고 가는 것입니다.

카르마(karma, 업業)
몸과 입과 뜻으로 짓는
선악의 소행 혹은 전생의
소행으로 말미암아 받게
되는 응보(應報). 천상 프
로그램에 의해 쌓은 공적
(公的) 카르마와 자신의
자유의지로 지은 사적(私
的) 카르마로 구분됨.

내면의 소리를 듣고 있으며
하늘의 소리를 듣고 있으며
보이지 않는 세계를 보고 있다면
당신은 이미 혹독한
하늘의 시험을 통과 중인 사람일 뿐입니다.
이 시험을 통해 훈련되고 단련된 사람만이
하늘의 좁은 문을 통과할 뿐입니다.

자만과 교만의 넓은 문을 걷고 있는 사람과
분별력이 없어 맹신과 불신의 늪을 헤매는 사람과
자신이 보고 들은 것이
최고의 진실이라고 순진하게 믿고 있는 사람과
허둥지둥 어쩔 줄을 모르면서
영적 우월감 속에 물들어가는 사람을 위해
이 글을 남깁니다.
하늘의 법과
하늘 일에는 공짜가 없습니다.

당신은 이미 혼돈과 카르마 속에
여시아문의 진흙탕 속에
내던져져 있다는 것을
눈치채시기 바랍니다.

여러분의 건승을 빕니다.

종교가 만든 깨달음의 매트릭스❖

매트릭스(matrix)

매트릭스는 인간의 생각, 감정, 행동을 근본적으로 규정하고 있는 틀이나 구조, 체계. 패러다임으로 해석될 수 있으나, 실체가 없는 가상현실, 홀로그램의 특성 또한 갖고 있음.

연애를 잘하기 위해

연애학 개론서 100권을 보는 것은

잘못된 방법은 아니지만

최선의 방법으로는 적절하지 않다는 것을

우리는 경험적으로 알고 있습니다.

연애를 잘하기 위해서

결혼을 잘하기 위해서

결혼도 하기 전에 아이 낳는 법을 배우는

오류를 범하고는 있지 않나 생각해봅니다.

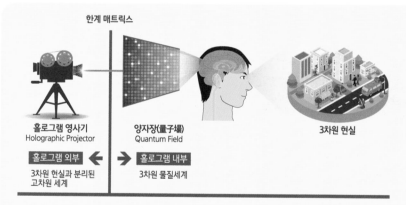

한계 매트릭스

홀로그램 영사기
Holographic Projector

양자장(量子場)
Quantum Field

3차원 현실

홀로그램 외부 ←
3차원 현실과 분리된
고차원 세계

→ **홀로그램 내부**
3차원 물질세계

홀로그램(hologram)

holo(전체, 완전)와 gram(그림, 형상)의 합성어. '완전한 형상'으로 3차원 현실에서 어떤 대상체의 3차원 입체상을 말합니다. 물리학자 데이비드 봄이 처음 주장한 홀로그램 우주(holographic space) 가설에서는 우주와 경험적 현상세계가 전체의 일부분일 뿐이며, 실체는 더 깊고 본질적인 차원의 현실에 존재한다고 봅니다. 지구행성 역시 실험행성으로써 홀로그램의 세계이며 매트릭스의 세계임을 알아채고 눈치채는 것이 깨달음의 본질입니다.

우리의 삶이 언제부터인지는 모르지만
머리로만 사는 삶에 익숙해져 가고 있으며
물질의 삶에 빠져들수록
가슴보다는 머리로 사는 삶의 경향이
가속화되고 있었습니다.
수백 권의 책에 나오는 이상형의 이성보다
내 마음에 느낌으로 '이 여자는 내 여자다!'
'이 남자는 내 남자다!'라는 끌림이 있을 때
선택하는 이성이 진짜입니다.

가슴으로 느끼고
가슴으로 대화하고
가슴으로 소통하는 것에 익숙하지 않을수록
자기 느낌에 대한 확신이 줄어들수록
우리는 계산하고 또 계산하면서
외부적인 조건으로
사랑과 결혼마저도
저울질하면서 살고 있습니다.

깨달음 또한 모든 영성인과 종교인에게
머리로는 이해가 되는데
가슴으로는 이해가 되지 않는
신성한 성역으로 되어버린 지 오래되었습니다.
깨달음에 대한 신비화와 신성한 측면이
3차원 물질세계※에서는

3차원 물질세계

우리가 사는 세계를 3차원 물질세계라고 하고 죽어서 가는 사후세계를 4차원 영계라 함. 대우주는 존재의 진동수 대역과 그에 따른 의식수준에 따라 1차원 광물계, 2차원 식물계에서부터 창조주 하나님이 계시는 15차원의 파라다이스까지 다양한 차원으로 펼쳐져 있으며, 각 차원은 다시 12단계로 세분화됨.

깨달음에 대한 본질적인 이해보다는
수행의 방법론에서 참 많은 방편을 만들었으며
다양한 텍스트를 통해
완고하고도 너무나 단단한
깨달음에 대한 뿌리깊은 편견을 갖게 하였습니다.

인간이 가지고 있는
깨달음에 관한 집착과 편견은
물질에 대한 집착 못지않게 강하고도 강합니다.
사람들의 무의식 속에는 어느새
깨달아야 한다는 강박관념이 형성되었습니다.
깨달음을 향한
인간의 집착은 정도를 넘어
너무나 추악하게 타락하였으며
직업적인 종교인이 출현하면서
더 많은 부패와 더 많은 오염이 있었으며
모든 종교 텍스트들에 대해
어둠의 세력의 개입이 있었습니다.

깨달음에 대한 인류의 집착은
종교가 발달하면서
표준화된 상품을 고르듯
기성상품이 되었으며
깨달음 또한 기성상품의 내용을 조금만
벗어나면 이단이나 밀교가 되었으며

깨달음마저도 절이나 교회가 정한
범위 내에서 이루어져야 한다고
축소되는 폐단이 형성되었습니다.

깨달음에 대한 인류의 집착과 편견이
만들어놓은 종교의 매트릭스에
대부분의 종교인이
맹목적인 신념의 체계 속에 살고 있으면서
이제는 자신이 무엇을 하러
예배나 경을 하는지조차 망각하면서
형식을 위한 형식에 치우친
깨달음에 집착하고 있을 뿐입니다.

깨달음에 대한 모든 집착과 환상을 버리고
가장 기본적인 가르침인 타인에 대한 존중과
내면으로 들어가는 과정을 통해
이제는 가슴으로 느끼고
가슴으로 대화하고
가슴으로 소통하고
가슴으로 하늘과 소통하는 시대를
준비해보십시오.

「빛의 생명나무」❖는
깨달음에 대한 환상을 버리고
깨닫고자 하는 마음마저도 버린 사람들이

빛의 생명나무
중심우주 낙원천국의 중앙에 있는 아주 생명력이 넘치는 우람한 나무로 144,000 종의 빛을 발산하고 있음. 우데카팀이 2014년 8월 18일 포털 사이트 다음(daum)에 카페를 개설할 때 채널러를 통해 하늘로부터 받은 카페명이며 우데카팀의 공식명칭.

차크라(chakra)

산스크리트어(인도의 고
대어, 梵語)로 '바퀴' 또는
'원반'의 뜻. 신체에 있는
에너지 센터로
12개가 있으며 정신적,
육체적 힘의 중심점. 12
차크라가 열려야 온전한
빛의 통로가 확보됩니다.
(「144,000과 12차크라」
참조)

가슴 차크라❖를 열고

자기 자신과 대화를 하고

주변의 만물과 대화를 하고

내 이웃과 가슴으로 느끼고 살며

천사들과 교류하고

하늘과 소통하며

우주와 하나됨을 통하여

나와 우주가 분리되어 있지 않으며

전체의식으로 돌아가는 공부를 하는

지구 최고의 우주 아카데미가 있는 곳입니다.

우리 모두는 하나입니다.

깨달음의 매트릭스 깨기

하강하는 영혼❖은
빛의 역할이든 중간계 역할이든
어둠의 역할이든
모두가 역할 속에 있으며
단 한 영혼도 의미 없이
3차원 지구에 오지 않았습니다.
봉사자 그룹으로서 소명과
자신의 영혼의 진화과정에 맞는
영적 진화를 위해
존재하고 있는 것입니다.

빛의 일꾼으로 온 144,000명은
빛의 과정에서 어둠의 과정을 모두
통과해야 하는 여정을 가지고 있습니다.
빛의 과정에서
난이도가 제일 높은 것 중 하나는
깨달음에 대한 집착과 환상을 버리고
깨닫고자 하는 마음을 내려놓아야
더 큰 세계를 받아들일 수 있음을
알아채고 눈치채는 것입니다.
그럼에도 불구하고
대부분의 영성인이 이 부분에 대한

하강하는 영혼

3차원 지구의 물질체험을 통해 상위차원으로의 상승(진화)을 추구하는 영혼을 상승하는 영혼이라고 하며 지구인의 96%가 해당됨. 반면 하강하는 영혼은 상승하는 영혼들의 차원상승을 이끌어주기 위해 5차원 이상의 고차원에서 3차원 지구로 태어난 영혼을 말함.

공부가 되어 있지 않습니다.

깨닫고자 하는 마음을 내려놓기 전에는
절대로 하늘의 시험이 끝나지 않으며
어떠한 깨달음도 주어지지 않는다는 것을
알아채는 것은 정말로 어렵습니다.
깨달음의 매트릭스를 깨야 하는 의무와 역할이
이번 빛의 일꾼 준비과정의 핵심입니다.

3차원 물질세계에 살면서
각종 종교에서 형성된 정형화된 관념과
예수나 부처에 대한 뿌리 깊은 편견이
너무나 많습니다.
하늘을 두려워하고
신을 두려워하고
두려움에서 나오는 복종을 순종으로
잘못 이해하고 있는
영성인도 너무나 많습니다.

신에 대한 지나친 두려움이 몸에 배어
하늘과 뜻이 맞지 않으면 소리도 지르고
육두문자를 써가며 천사들과 치열하게
논쟁하고 싸우는 우데카의 모습을 보고는
하늘에 대한 무례함에
사과를 요청하는 사람도 있으며

하늘과 치열하게 싸우는 모습에
당황하고 놀라고 고민고민하다가
우데카를 어둠이라고 규정하고
차크라를 열고도 먹고 튀는 사람도 있으며
하늘에 대고 소리지르고 싸우는
우데카를 하늘에 대한 불경죄로
팀장을 사퇴하라고 하는 사람도 있습니다.

우데카는 오늘도 내일도 앞으로도
하늘과 뜻이 상충되는 부분에서는
치열하게 싸우기도 하면서
서로 친구처럼
동료처럼
동지로서 논쟁과 토론을 함께하며
우데카가 납득할 수 있을 때까지
싸우고 나서 그런 이후에
여러분을 설득할 것입니다.

자신이 생각하고 있는 하늘과
자신이 생각하고 있는 종교적 이상향과
자신이 생각하는 스승의 모습과
자신이 생각하는 영적 지도자의 모습과
자신이 생각하는 부처나 예수님에 대한
에고의 상* 속에서
우데카를 재단하고

우데카를 판단하고
우데카를 심판하는 마음으로는
차크라를 열기는 고사하고
빛의 일꾼으로서의 준비와 훈련은
불가능함을 우데카가 분명히 밝혀둡니다.

우데카는
영성인이나 종교인이 생각하는
근엄하고 잘생기고 수염이 길게 나고
인자한 모습으로 성형수술을
할 생각이 없음을 밝혀드립니다.
우데카는 찐빵의 얼굴로,
자지와 보지를 이야기하는 강사로
여러분 눈높이에 맞춘 강의가 아니라
보편적 우주의 진리에 눈높이를 맞추어
누구 앞에서도 당당하며
하늘 앞에서도 당당하며
화를 낼 때에는 화를 낼 것이며
우데카는 우데카의 방식으로
빛의 방식으로
늘 함께 할 것입니다.

깨달음에 대한 환상 내려놓기

영성인이 깨달음에 대한
자기만의 집착을 내려놓을 때
자기의 아상을 내려놓고 깨뜨릴 때
종교의식이나 사회의식에서 만들어낸
정형화된 성인의 모습을 모두 내던져 버릴 때
비로소 공부할 수 있는 기본이
빛의 일꾼이 되기 위한 기본이
갖추어진 것입니다.

신에 대한 두려움을 던져 버리고
하늘에 대한 막연한 두려움을 버리고
하늘에 대한 지나친 굴종이나
노예근성을 벗어버리고
당당한 창조주의 자녀로서
부모를 대하듯 하늘을 따뜻하게 대할 때
가슴이 열리는 것이며
의식의 각성이 이루어지는 것입니다.

깨달음을 얻고자 하는 의식이나 생각을
온전하게 벗어 버리고
깨닫고자 하는 마음조차 다 내던져 버리고
깨달음을 위한 수행과 명상에 대해서도

다 던져 버리고
가슴으로 느끼고
가슴으로 대화하고
가슴으로 소통하고
가슴으로 이해하고
가슴으로 사랑하고
가슴으로 자연과 하나가 되고
가슴으로 우리는 하나이고
가슴으로 우리는 전체의식 속에
이미 하나임을 느낄 수 있다면
이것만으로도 충분하지 않겠습니까?

머리로는 늘 논리와 분석을 이야기할 뿐입니다.
머리로는 정의와 불의를 가르고
머리는 늘 손익을 따지게 될 뿐이지요.
머리로는 간을 보고
머리로는 늘 의심하게 되고
머리로는 예의와 형식, 격식을 따르게 되고
머리로는 가식과 가면을 당연시하게 됩니다.
오직 가슴을 따를 때만
깨달음에 대한 집착과 망상을
내려놓을 수 있을 뿐입니다.

우데카는
깨달음에 대한 지독한 편견과 집착을 가진

영성인을 볼 때마다
전투력이 상승하는 사람입니다.
「빛의 생명나무」는 이런 영성인에게는
빛의 일꾼을 훈련시키는
혹독한 훈련소인 동시에
우주적 지식을 전하는 우주학교입니다.

우데카는 아주 악명 높은 훈련소의
숙달된 조교임을 밝혀둡니다.
「빛의 생명나무」는 꼴통같은 영성인과
깨닫고자 하는 영성인의 허상을
다 부숴버리는 방법을 알고 있는 우주학교이며
우데카는 그 곳의 유능한 선생입니다.

깨달음을 얻고자 하는 미련을 못 버리고
명상과 수행에 몰두하는 학생을
정신차리라고 등짝을 후려패기도 하고
때로는 말로서 쥐패는 전문가임을 알려드립니다.
이 모든 것은 아직도 깨달음에 대한
환상을 깨지 못한 고집불통 꼴통을
순한 양으로 변화시키는 훈련과정입니다.
순한 양은 마음의 상처를 받지 않기 위해
갑옷을 준비하고 오시기 바랍니다.

기도가 필요 없는 삶

기도는 감사함을 동반할 때
그 가치가 드러나게 되며
기도가 자신의 소망만을 담거나
단순한 희망사항을 담거나
구체적이지 못하고 추상적인 내용으로
채워진다면 그것은 기도라기보다는
하소연이나 넋두리 수준밖에 되지 않을 것입니다.

기복신앙의 성격이 강한
우리나라 종교인의 의식수준에서
기도는 곧 내가 원하고 바라는 것을
얻기 위해 반드시 존재해야 하는
형식이 되어 버렸습니다.

기도는
자신의 의식수준에서 결정되는 것입니다.
나의 정성을 다한 간절한 기도도 있으며
3천 배를 올리며 하는 기도도 있으며
10년간의 새벽기도도 있으며
큰 소리로 남이 들리게 하는 통성기도,
목욕재계하고 경건하게 하는 기도,
명상과 수행을 겸하면서 하는 기도도 있습니다.

기도가 기도로서 의미를 가지려면
그 기도의 내용이 대우주의 법칙에 맞아야
기도라고 할 수 있으며
우주의 법칙에 부합하지 않거나
자신의 삶의 프로그램에 부합하지 않을 경우에는
애만 쓰다마는 공허한 목소리이며
혼자만의 간절한 소망일 뿐
하늘에서 빈 메아리가 되어
나에게 되돌아올 뿐입니다.

인간의 모든 기도는
하늘에 기록되고 전달되고 있으며
그 기도의 내용 중
우주의 이치에 맞거나
사랑과 자비의 정신을 품고 있다면
그 기도는 기도를 전달하는 천사들에 의해
자신의 상위자아와 천상정부에 전달되어
그것의 실현 여부 또한
하늘이 일하는 방식에 따라 결정됩니다.

남이 잘못되기를 바라는 기도
자신의 편안함을 바라는 기도
내 가족과 이해 관계자에게
좋은 일만 일어나게 해달라는 기도
나에게 좋은 일만 일어나길 바라는 기도

내 가족이 모두 건강하길 바라는 기도 등은
기도로 접수조차 되지 않으며
그저 나의 희망사항으로 남을 뿐입니다.

의식이 각성된 사람일수록
무엇인가 부족해서 그 부족한 것을
채우기 위한 기도는 하지 않습니다.
의식이 깨어난 사람이 하는 기도는
그저 자연과 하늘에 대한 감사함만이
존재할 뿐입니다.
참기도는 감사의 기도뿐입니다.

3차원 물질세계에 살면서
결핍이나 부족에서 나오는 기도는 이미
기도로서 의미를 상실한 채
우주에 대해서
자신의 현재의 부족한 부분을
그저 드러내고 있으며
현재의 내가 뭐가 부족하고
현재의 내가 뭐가 결핍하거나 부재한지
자신의 현재의 모순을 스스로 우주에 대고
드러내고 폭로하는 것에 불과합니다.

우주의 법칙에 맞지 않는 기도는
안하는 것만 못합니다.

인간 존재의 모순을 스스로 드러내고
그 모순을 체험하게 하는 원인이 되거나
그 내면에서 두려움을 회피하려는 것이라면
그 두려움을 체험하는 쪽으로
내 삶이 펼쳐질 수 있도록
창조할 수 있는 힘을
기도는 가지고 있기 때문입니다.

돈이 부족하다고
건강이 좋지 않다고
내가 누군가를 이해하지 못한다고
내가 무엇이 부족하다고
이 우주에 공표하고 언표하는 것이
의식이 각성되지 못한 사람이 하는
기도의 수준이자 내용이며
그 기도로 인하여
그 기도에 공표된 내용을
내가 더 리얼하게 내 삶 속에서
체험하게 될 가능성이 높아질 뿐입니다.

인간의 기도가
물질의 결핍을 채우기 위한 것으로 축소되고
두려움을 회피하려는 에고의 작용을
정당화하려는 수준에서 반복된다면
그런 기도는

자신의 현재 모습을 그대로
우주에 드러내고 표현하고 있을 뿐입니다.

기도의 수준은
그 사람의 의식수준에서 결정되며
진정한 기도*는 감사기도라는 것을
온전하게 깨달은 사람은
기도를 더 이상 하지 않으며
그 사람의 생각이나 의식 그 자체가
전체의식에 머물러 있기 때문에
그의 말과 행동은 이미
우주의 법칙과 순리에 따라
함께하고 있기에
자유의지의 최종 목표인
우주의 순리에 따르는 삶을
살게 되는 것입니다.

삶이 감사함으로 충만할 때
무엇인가 부족함을
하늘에 대고
구걸하는 기도는
우리의 삶에서
더 이상 필요없게 되는 것입니다.
기도가 필요없는 삶이 궁극적으로
우리가 살아야 하는 세상입니다.

진정한 기도는 하늘의 마음을 얻는 것

기도는 언제 어디서든 가능하며 그 대상이 신이든 귀신이든 조상이든 서낭당이든 불상이든 짚신이든 고무신이든 오직 하늘의 마음을 얻은 사람은 흘러가는 강물이나 밤하늘의 별을 보고 기도를 하든 안하든 이미 복은 받고 있음을 우데카가 전합니다. (「4차원 영계의 비밀」중에서)

감사함으로

감사함으로

이 글을 여러분과 함께 나눕니다.

2부
불통 꼴통 먹통 영성인

말이 통하지 않는 영혼을 가진 사람아

많이 안다고 자부하는 사람일수록
비우고 내려놓음이 어려운 법이지요.
그 결과 우주의 본질에 다가서려는 의식보다는
지식을 채우고
채운 지식을 바탕으로
지적 허기를 달래는데 만족하면서
자신이 많이 안다는
지적인 자만과 교만이
자연스럽게 생겨나게 됩니다.

알면 알수록 고뇌가 깊어지는 것이
오염된 3차원의 지식임을 모르는 채
새로운 패러다임을 찾지 못한 채
우물 안에서 우물 안을 넓혀 보려는
시도를 하는 동안에,
자신도 인지하지 못하는 동안에
스스로 완고해지고
스스로 에고의 성이 단단해짐을
눈치채지 못한 채
알아채지 못한 채
깨달음으로부터 점점 더 멀어지게 되고
깨달음에 대한 환상이나 편견이
일반인보다 더 많게 됩니다.

그 결과 종교 지도자나
수련이나 명상을 하는 사람 중에서
성인을 찾고 성인이 그곳에서 나올 것이라는
맹목적인 신념을 가지고 있습니다.

미래의 성인의 모습을 아직도
종교의 틀 속에서 찾고 있으며
종교 속에 그려진 잘 생기고
우아한 모습에 푸른 눈자위를 가진
성인을 기다리고 있습니다.
내용보다는 형식에 치우친
성인의 모습을 완성해 놓고
자기 생각의 틀에 맞지 않는 사람들을
쳐내고 자르고 재단하면서
스스로 위대한 스승의 길을 가고 있고
스스로 지혜로운 사람으로
완전한 주권자로서 살고 있으며
모든 것을 버린 사람처럼 말하고
모든 것을 알고 있는 사람처럼 말하면서
스스로가 대단한 사람으로 살아가고 있습니다.
자신은 이미 다 경험해본 것이라는
생각이 늘 자신을 앞서가고 있으며
나는 이미 그런 경지를 넘어섰다고
스스로 자부하면서
남들을 가르치는 것과

충고하는 것을 좋아하고
도덕 선생님처럼 바른 생활과
옳고 그름의 분별을 좋아해서
정의로운 사람이라는 평을 듣고 있으며
늘 자기 주변에 사람이 많다고
생각하는 사람이 많습니다.

많이 안다고 생각하는 사람일수록
자기 말만을 하고
남의 말을 듣기 싫어하는
사오정❖이 참 많습니다.
남의 말을 있는 그대로 알아듣지 못하고
자신의 생각의 체로,
자신의 감정의 체로,
자신의 의식의 체로 걸러서 듣기 때문에
말이 통하지 않는 사오정이 너무도 많습니다.

자신이 많이 안다고
생각하는 사람일수록
자신이 듣고 싶은 말만 들어야 하고
자신이 하고 싶은 말만을 해야 하는
수준 높은 사오정이 참 많이 있으며
이들을 우데카는
'말이 통하지 않는 영혼을 가진 사람'이라고
부릅니다.

사오정
중국의 소설「서유기(西遊記)」에서 손오공, 저팔계와 함께 삼장법사(三藏法師)의 3번째 제자가 된 요괴. 여기서는 만화판 서유기「날아라 슈퍼보드」에서 잘못 듣거나 동문서답하는 사오정 캐릭터를 의미함.

서로 다른 의식수준의 사람들

사람들은 감정의 문을 통해서 서로를 받아들이기
시작하며 서로를 인정하기 시작합니다.
감정의 문을 통해 정서적으로 하나가 되고
서로에게 정감을 느끼고
서로 정을 나누며 살고 있습니다.

사람들은 마음의 문을 통해서
서로를 이해할 수 있으며
서로를 확장할 수 있으며
서로를 더 잘 교감할 수 있습니다.
사람들은
서로의 가슴에 통로를 설치하기 위해
서로의 마음을 얻기 위해
최선을 다하고 있습니다.

사람들은 생각의 문을 통해서
서로의 차이와 다양성을 알게 되고
서로가 비슷함에 끌리며
동기감응同氣感應❖하는 에너지의 법칙을 배우고
생각의 문을 통해
서로의 간격을 알게 되고
서로에게 상처를 주면서

동기감응(同氣感應)

원래 풍수지리에서 유래된 말로 조상과 자손은 동기(同氣)로서 산자와 죽은자가 에너지로 연결되어 있다는 뜻.

서로 아파하면서 배우고
서로에게 익숙해지기도 하면서
서로에게 원수가 되기도 하면서
님과 남 사이를 오고 가면서
서로의 생각들을 행동 속에서
주고받으며 살고 있는 것입니다.

사람들은 의식의 문을 통해서
서로 동료가 될 수 있으며
서로 하나의 의식으로 확장될 수 있으며
전체의식으로 갈 수 있습니다.

우리는 각자가 가진
감정의 문과 마음의 문이 다르며
의식의 문 또한 많이 다릅니다.
이렇게 다른 문들을 가진 사람들끼리 모여서
서로의 가슴의 문을 열기 위해
최선을 다하고 있는 것이
우리 삶이 다양한 이유 중에 하나입니다.

서로 같은 것을 보고도
서로 같은 곳을 바라보면서도
서로 같은 체험을 하면서도
서로 같은 공간을 체험하면서도
서로 다른 생각을 가지고 있으며

서로가 서로에게 열어주는 문의 크기가 다르기에
서로에게 진실을 이야기한다고 생각하고
삶을 살고 있지만
이것 또한 자기 수준에서 문을 열고
살고 있음을 봅니다.

서로 다른 감정의 문과
서로 다른 마음의 문과
서로 다른 생각의 문과
서로 다른 의식의 문이 있으며
서로 다른 층위가 있고 레벨이 다르고
깊이와 크기가 다르다 보니
우리는 서로에게
말이 통하지 않는 영혼이 되어
살고 있는 것입니다.
영성인은 일반인보다 더
말이 통하지 않는 영혼인 경우가 많으며
가슴이 더 닫힌 경우가 많습니다.

서로의 마음을 얻기 위해

사람의 마음의 문을 열지 못하면
우리는 아무것도 할 수가 없습니다.
영업사원도 사람의 마음을 얻어야 하고
스님도 목사도 신부도 수녀도
사람의 마음을 얻어야 하며
의사는 환자의 마음을 얻어야 하며
환자 또한 의사의 마음을 얻기를 바랍니다.

사람의 마음을 여는 것은
모든 분야에서
모든 사람에게
생존이 달린 문제인 동시에
모든 문제를 푸는 열쇠인 동시에
모든 문제가 막히는 원인이기도 합니다.

사람의 마음을 열기 위해
우리는 살고 있으며
이것을 배우고 익히기 위한 학교로서
3차원 물질세계가 운영되고 있으며
서로가 보이지 않는 규칙 속에서
서로가 서로의 마음을 열기 위해
고군분투하고 있으며
최선을 다하고 있으며

서로 아파하고 괴로워하고 있습니다.

서로의 마음을 얻을 수가 있다면
우리가 가진 대부분의 번뇌와 갈등은
눈 녹듯 사라질 수 있으며
서로의 마음을 열고 들어갈 수 있다면
우리 모두는 행복의 나라로 들어갈 수 있습니다.

우리는 서로의 마음을 얻기 위해
서로의 마음을 훔치기 위해
서로의 마음을 붙잡기 위해
서로 자기편을 만들기 위해
수많은 논리를 만들어내고 있으며
수많은 계산서가 머릿속에서 오가고
수많은 속임수가 난무하고
수많은 가면과 가식이 가득하고
수많은 거짓이 만들어지고 있으며
수많은 위장과 함정으로 가득한 세상을
우리 인류가 스스로 창조해냈습니다.

서로의 마음을 얻기 위해
우리는 지금 너무 많은 비용을 지불하고 있으며
우리는 지금 너무 많은 계산을 하고 있으며
우리는 지금 너무 많은 가면을 쓰고 있으며
우리는 지금 너무 많은 위선을 가지고 있으며

우리는 지금 너무 많은 지식을 공부하고 있으며
우리는 지금 서로에게서 너무 멀리 와있다는 것을
눈치채지 못한 채
내 마음의 문을 닫은 채
타인의 마음의 문을 열고자
애쓰고 있는 형국입니다.

우리는 지금 서로에게
너무 많은 편견과 판단 속에 있으면서
마음을 열고자 하고 있으며
우리는 지금 서로에게
너무 많은 절망을 품은 채
사랑받기를 바라고 있습니다.
우리는 지금 서로에게
'말이 통하지 않는 영혼을 가진 사람'으로 살면서
서로에게 책임을 전가하고
사랑을 이야기하고 있습니다.

영능력자의 자만과 교만

자신의 고단한 인내와 노력 없이
하늘로부터 능력을 받은 사람이
이 세상에는 참 많습니다.

빛을 보거나
빛으로 형상을 보거나
천사나 귀신을 보거나
예지몽을 통해 예언을 하거나
치유의 능력이 저절로 생겼거나
하늘의 소리를 듣는 채널능력이 있거나
내면과의 대화가 가능하거나
만물과의 대화가 가능하거나
배우지 않고도 침술이나 본초학(약초)에
상당한 수준이나 경지에 이른 사람이
이 세상에는 참으로 많습니다.

특수능력을 하늘로부터 받은 사람은
그것이 하늘의 능력 또는
선물이라는 것을 알고 있습니다.
다 알고 있으면서도
그것이 자신이 노력해서 이룬 것이 아님을
다 알고 있으면서도
의식의 각성이나

내면의 성찰을 위한 노력 없이
아무것도 모르는 사람처럼 살면서
자신의 이익이나 명예를 위해
그 능력을 사용하는 사람이 대부분입니다.
보이지 않는 세계를 위한 빛의 통로로써
보이지 않는 세계를 위한 안내자이자
봉사자로서의 삶이 그들이 프로그램한
하강하는 영혼으로서의 사명임을
자각하는 사람의 숫자는 매우 드물며
오히려 일반인보다 더 폐쇄적이며
영성인보다 더 답답한 사람으로
살고 있는 하늘사람이 너무나 많습니다.

자신이 가진 능력의 출처도 제대로 모르고
자신이 가진 능력의 범위가
어느 정도 가치가 있는 줄도 모르고
자신에게 왜 이런 능력이 주어졌는지
알려고도 하지 않은 채로
살고 있는 영성인들 또한 너무나 많습니다.

하늘로부터 받은 능력이 너무 많거나
하늘로부터 받은 능력이 오래될수록
하늘로부터 받은 능력이 특별할수록
하나같이 나타나는 공통점은
하늘에 대한 감사함과 고마움을 잊어버리고

목이 깁스한 사람처럼 **뻣뻣**하고
고개는 설익은 곡식처럼 숙일 줄 모르고
자신감은 하늘을 찌르고
'내가 최고야!'라는 자만은
땅을 감싸안을 만큼 충분하고
'저 정도는 내가 다 알고 있는 내용이야!'라는
자만과 교만은
누군가로부터 듣기와 배우기를 거부하며
오직 자신을 드러내기 좋아하며
타인은 늘 눈 아래로 두면서
말이 많은 사람이 대부분입니다.

하늘사람이 하늘로부터 받은 능력은
그냥 그 분의 삶의 프로그램 상
일어날 일이 일어난 것일 뿐
그 이상도 그 이하도 아님에도 불구하고
'내가 최고야!' '당신이 최고야!'
'서로 최고야!' 놀이에 빠져
스스로 담장을 높이 치고 들어앉아
자만과 교만이 하늘에 닿음에도 불구하고
하늘사람으로서의 겸손과 사랑을 잊어버린 채
'아무것도 모르는 사람'으로
오늘을 살고 있는 것이
영성인의 현주소이자
잠들어 있는 인류의 모습입니다.

스승을 간보는 사람

아는 것이 많을수록 깨닫기가 어렵고
가진 것이 많을수록
잃을 것이 많음을 알기에
더 많은 두려움을 가지게 됩니다.
내가 무엇을 안다고 생각하는 순간
자신의 기준으로
세상과 이 우주를
자신의 에고의 칼로 재단하고 있음을
알아차리기란 어렵고도 어려운 길입니다.

아는 것이 많다고 생각할수록
남보다 나는 뛰어난 사람이라는
자만심을 가지게 됩니다.
매일 기도와 명상을 하고 있는 나를
하늘의 도구로
하늘의 일꾼으로 써달라고
기도하고 있는 나를
빛을 보고 채널*을 하는 나를
알아보지 못하는 사람은
스승으로 부족한 사람이며
'큰일 할 사람인 나를 알아보지 못하는 스승은
이미 스승이 아니다'라고 생각하는
당신이 있습니다.

채널(channel)

채널링(channeling)의 줄
임말로 다차원 지구에서
인간이 아닌 다른 존재
즉, 하늘 사람(천사, 귀신
등), 동·식물 심지어 무생
물 등과 의사를 전달하는
영적 소통을 뜻함.

내가 이미 하늘의 소리를 듣고 있으며
모든 것을 다 알고 있는 내가
굳이 누군가의 밑에 들어가 공부한다는 건
웃기는 소리라고 생각하는 당신이
당신의 내면에 있습니다.

능력이 많은 사람일수록
자신을 알아주길 바라고
자신을 드러내길 원하고
자신이 큰일 할 사람이라고
착각하는 경향이 강하게 나타납니다.

우데카를 찾아오는 사람 중에는
자신이 하늘의 일을 하고자
매일 명상하고 기도하고
하늘의 길을 가겠다고 서약하고 맹세까지 하고
하늘의 뜻을 묻고
하늘의 능력을 기다리고
하늘의 부름과 응답을 기다리고 있는
자신을 몰라본다고
우데카를 향한 부정적인 평가를 내립니다.

우데카가
자신을 몰라본다고 공부를 미루고
자신을 인정하지 않는다고 탈퇴하고

자신을 미워한다고 그만두고
자신을 특별하게 대해주지 않는다고
어리광을 피우고
자신을 담을 그릇이 안된다고 떠나고
인성이 바로 서지 않아
스승으로서의 자격이 없다며 떠나는
사람도 있었으며
앞으로도 많을 것입니다.

자신의 내면의 아픔을 몰라주고
해결해주지 않는다고 떠나고
우데카의 눈이 맑고 파란 눈이 아니어서
떠나는 사람도 있었습니다.

늘 판단 속에
자유의지 속에 우리는 있는 것이지요.
그런 당신을 위해 세상은
이 우주는
또 다른 프로그램인 고통과 인내를 배우고
겸손함과 겸허함을 배우기 위한
인고의 프로그램을 준비하고 있음을
알려드립니다.

인연 따라 오고가는 것입니다.
오는 길에도 빛이 있으며

가는 길에도 빛이 있으며
우리가 가는 모든 길이
빛으로 가는 길임을 안다면
아무것도 잘못되는 것은 없다는
우주의 이치를 기억해 주십시오.

자신이 위대한 사람이며
이 땅을 구원할 사람이라는
대단한 착각을 하고 있으며
자신을 몰라보면 오늘이 마지막이라고
간을 보기 위해
우데카를 평가하기 위해
우데카를 자신의 판단기준으로
재단하기 위해 기다리고 있습니다.

아이고, 무서버라~

비인부전非人不傳

'내가 깨달았다'라는 자부심이 강한 사람 중에는
자신은 이미 차크라가 열렸으며
소주천과 대주천이 열리고
영안이 열려 빛을 보고
천이통天耳通이 열려 하늘의 소리를 듣고
귀신을 본다고
목에 힘이 잔뜩 들어간 사람이 있습니다.
사실 차크라가 일부 열린 사람은 있지만
대개는 어둠의 형제들◆이나
귀신 선생들의 방문을 받고 있는 사람들입니다.

어둠의 형제들

사탄, 천마(어둠의 천사)
등 어둠의 역할을 하는
영적 존재들

빛을 보고 하늘의 소리를 듣는 것은
자신의 의지로 될 수 있는 것이 아니며
하늘이 하늘의 목적에 따라
소리를 들려주고
형상을 보여주는 것일 뿐
자신의 능력이 아니라는 것을
눈치채는 사람도 없으며
하늘에 겸손하고 타인에게 겸손한 사람은
거의 찾아보기 힘듭니다.

자신이 빛의 일꾼이라는 자부심이
강한 사람들일수록

우데카를 찾아와서는
자신이 큰 역할을 할 사람이며
우데카가 자신을 알아보고
칭찬받기를 원하고
인정받기를 잔뜩 기대하고
오는 사람이 많습니다.

우데카는 이런 사람을
대하는 독특한 방법이 있습니다.
철저히 무시하며
독설을 퍼붓고
별 볼 일 없는 사람으로 규정하고
자존심을 매우 상하게 해서
그 방문이 첫 방문이자
마지막 방문이 되도록
최선을 다하고 있습니다.

자신이 매우 똑똑하고
많이 알고 있고
자신의 분야에서 최고라고 자부하고
'내가 최고야!'
'당신이 최고야!'를 다투는 사람이 오면
자신이 알고 있는 지식이
별 볼 일 없다는 것을 눈치챌 수 있도록
하늘의 지식을 통해

자신의 모습을 볼 수 있도록
거울의 역할을 해주고 있습니다.
그래도 눈치챔과 알아챔이 부족한 사람은
첫 방문이 다음을 준비하는 방문이 되도록
편안하게 돌아가는 길을 마련해 드립니다.

자신이 수행을 열심히 하였지만
아직도 수행할 시간이 모자라서
수행이 부족해서 깨닫지 못했다고
아쉬워하는 사람도 많이 오는데
이런 사람을 위해서는
하루라도 깨달음을 위한
수행이나 명상을 할 수 있도록
아는 척도
단 한마디의 말도 없이
자기 집으로
자기 절로
자기 교회로
뒤돌아보지 말고 잘 가시라고
묵언으로 잘 보내 드리고 있습니다.

오직 내면으로, 내면으로 들어가기만 하면
모든 문제가 해결되고
깨달음의 문제는 저절로 해결된다고
여기는 일명 수행파에게는

내면으로 향하는 공부를 해본 적도 없지만
자신의 내면과 대화를 하고
모든 상위자아들과 대화가 되는 사람을
만나게 해드립니다.

세상에서는 경천동지할 풍경들이
이 곳에서는 별일 아닌 것으로
인식되는 것을 보여주면
깨달음을 위한 내면과의 대화나
내면으로의 여행파의 수행조급증을 자극해
바로 토굴을 파거나
1분이라도 빨리 돌아가 명상수행을 하도록
최대한 배려해 드리고 있습니다.
30년이나 수행하고도
아직도 부족한 수행을 더하도록
최선을 다해 보내 드리고 있습니다.

용들

용족은 대마젤란 은하에
서 250만 년 전 네바돈 우
주에 들어와 봉사하고 있
는 고차원 의식으로 용족
의 대표가 석가모니임. 용
들의 주요 임무는 교통사
고나 불의의 사고 등으로
부터 인간을 보호하고 지
켜주는 보디가드 역할임.
(「144,000과 12 차크라」
참조)

우물 안에서 우물을 더 넓혀
세상을 바라보려는 일명
간보는 사람에게는
지구 대기권 밖 우주 이야기를 하고
우주선 이야기와 용들✦이나
우주함선의 모습을 이야기해주며
자신의 그릇대로
자신의 모양대로

판단하고 처분할 수 있는
황당한 이야기만을 해드리고 있습니다.
간보기파들에게
지구 대기권 밖의
우주의 진리와 대우주의 스케일을 보여주어
스스로 갈 길을 가고
서로 쿨하게 헤어질 수 있도록
최선을 다해 배려해 드리고 있습니다.

제자는 스승을 선택할 수 있으며
스승은 제자를 선택할 수 있는 권리가 있으며
사람이 아니면 전하지 않는다는
비인부전非人不傳의 세계를
우데카는 실천하고 있습니다.

깨달음에 대한 환상과
자기만의 착각 속에 살아 왔으며
자기가 대단한 사람이라는 착각 속에
자만과 교만이 가득한 사람들에게
우데카는
천지불인天地不仁 성인불인聖人不仁✢하는 마음으로
그들의 의식이 줄탁동시✢의
알아챔과 눈치챔이
생겨날 때까지

성인불인(聖人不仁)
천지불인(天地不仁)

'성인과 천지는 어질지 않
다'라고 직역됨. 천지가
만물 중 어느 하나를 편
애하지 않듯이 성인도 어
느 한 사람만을 편애하지
않으며 늘 공정하게 임한
다는 뜻. 노자에게 '인(仁)'
은 무위자연(無爲自然)과
상반되는 개념이기 때문
에 '불인(不仁)'이란 꾸밈
없고 자연스러운 무위의
의미와도 상통됨. (「도덕
경」 5장)

줄탁동시
啐啄同時

병아리가 부화할 때 알속
에서 병아리가 쪼는 것을
'줄(啐)'이라 하고, 그 소리
를 듣고 어미 닭이 밖에
서 쪼는 것을 '탁(啄)'이라
고 함. 이것이 동시에 이
루어질 때만이 소기의 목
적을 온전히 달성할 수
있다는 뜻으로 널리 쓰임.

자신에 대한 가면과 온갖 상처들을 들추어내면서
인정사정 보지 않고
소금과 고춧가루를 뿌리면서
시험하고 또 시험할 것입니다.

여러분이
깨달음에 대한 환상과
생각을 온전하게 버리고
가슴으로 느끼고
가슴으로 대화하고
가슴으로 사랑할 때까지
그렇게 하늘과 소통할 때까지
우데카는
그렇게 할 것이며
그렇게 하고 있으며
그렇게 될 것이며
그렇게 되었습니다.

지구행성의 왕따, 인류

영혼을 가진 이 세상의 모든 동물은
동물끼리 소통하고 있으며
모든 동물과 식물 또한 서로 소통하고 있으며
더 나아가
영혼을 가진 세상의 모든 만물끼리는
서로 대화를 통해 소통하고 있으며
원소정령들까지도 소통하고 있으며
자신에게 주어진 정보의 범위 내에서
서로가 서로에게 봉사하고 있으면서
우주의 전체의식 속에서 함께 하고 있습니다.

만물의 영장이라는 인간만이
서로 소통하지 못하고
대화가 단절된 채
서로가 무슨 마음으로
서로가 무슨 생각으로
서로가 무슨 의식으로 존재하는지
알 수가 없으며
서로의 마음으로 통하는 통로가 막힌 채로
살고 있으며
이것이 얼마나 심각한지 알지 못한 채
우주의 전체의식에서 분리되어

식물계
(2차원)

동물계
(3차원)

원소, 광물계
(1차원)

전체의식
ONENESS
우주의 정보
지구 5차원 상승
인류의 미래
지구의 대격변

인간
(3차원)

지구(가이아)

영계
(4차원)

전체의식과 분리된 인류

지구 위의 모든 사물과 동식물은 전체의식 속에서 우주의 정보를 공유하고 있으나,
오직 인간만이 전체의식에서 분리되면서 모든 부정성의 근원인 두려움과 사랑의 부재
속에서 살아가고 있습니다.

말이 통하지 않는 영혼을 가진 사람으로
살고 있어도 크게 불편하지 않은 것이
물질세계에 푹 빠져 살고 있는
인류의 현재의식 상태입니다.

말이 통하지 않는 영혼들끼리
서로의 마음을 얻기 위해
서로의 생각을 공유하기 위해

서로의 의식을 깨우기 위해
고군분투하고 있지만
서로의 마음을 열기는커녕
점점 서로에게 더 소외되고 있으며
더 많은 사랑을 받지 못해
외로워하는 사람들로 가득 차 있습니다.

마음은 늘 서로에게 열려 있어야 함에도
우리는 흐드러지게 피어 있는 꽃구경은 가도
꽃과 말을 걸고 대화하고
꽃에게 감사의 말을 전하고
꽃에게 고맙다는 마음을 가진 사람을
만나기는 매우 어렵고
외식을 하고
남의 살을 먹기는 좋아하면서도
동물이 받는 고통에는
눈을 막고
귀를 닫고 있으며
고맙고 감사하다는 말을 하기는커녕
동물과 대화를 하고
그들의 의식과 함께 하려는 관점으로 볼 때
인류의 의식은 아직 걸음마 단계에
머물고 있습니다.

식물과 동물의 입장에서 보면

인류는 말이 통하지 않고
대화가 전혀 되지 않는 영혼을 가진,
전체의식에서 분리된 매우 불쌍하고
측은한 마음이 들게 하는 인종임에 틀림없습니다.

이 지구행성에서
인류만이 전체의식에서 분리되어 있으며
말이 통하지 않는 영혼인 동시에
마음은 굳게 닫혀 있으며
마음과 마음으로 대화를 나눌 수 있는
사람이 없습니다.
이 지구행성은
마음이 열려 만물과 대화가 가능한
전체의식으로 합류한 사람이
손에 꼽을 만큼 귀한 곳입니다.

이 글을 읽고 있는
영성인이라고 자처하고 있는 당신은
누구와 소통하고 있으며
누구와 마음을 나누고 있는지요?

불통 중에 불통이 영성인이며
일반인보다 인식의 폭은 더 좁으며
편견과 아집과 아상은 꼴통 수준을 넘어
듣고 싶은 말만 듣고

하고 싶은 말만 하고
사오정 수준으로 추락한 당신의 모습에서
어찌 빛의 일꾼의 참 모습을
발견할 수 있겠는가!

자기가 무엇을 안다고 하는 사람일수록
마음은 닫혀있고
마음은 얼어있으며
내면에 두려움이 가득하여
겉으로는 강해보이고
겉으로는 지식인인 것처럼 보이지만
상처 입을까봐 두려워
가슴을 열지 못하는 째째한 사람이
오늘의 당신 모습이 아니던가?
이러면서 당신을 영성인이라고
빛의 일꾼이라고 할 수 있겠는가?

오호 통재라!!!

오호 통재(嗚呼痛哉)
'아아 슬프고 원통하다'는
뜻으로, 주로 탄식할 때
쓰는 말

3부
영성인의 헛소리

예수님의 재림은 없다?

서양의 채널링 메시지 중
중간계나 어둠의 진영에서 유포한 내용 중에는
교묘하게 왜곡되고
가공된 메시지들이 있습니다.
그 중에 대표적인 것이
'예수 그리스도의 재림은 없다'는 내용입니다.

사람에게는 누구나
진리의 영, 거룩한 영, 사고 조절자가 있는데
진리의 영을 그리스도 의식이라고 합니다.

사람의 내면에 있는 이 진리의 영인
그리스도 의식을 깨우는 것이
의식의 각성을 이루는 중요한 요소입니다.
서양의 채널링 메시지에
오랫동안 노출된 사람들 중에
'예수의 재림은 없다'라는 내용이
광범위하게 퍼져있으며
실제로 이 내용을 믿고 있는 영성인들이 있습니다.

내용을 살펴보면 다음과 같습니다.
누구에게나 내면에 존재하는 그리스도 의식을

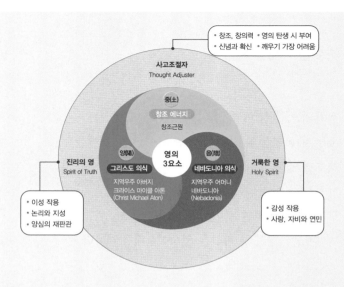

• 창조, 창의력 • 영의 탄생 시 부여
• 신념과 확신 • 깨우기 가장 어려움

사고조절자
Thought Adjuster

중(土)
창조 에너지
창조근원

양(陽)
그리스도 의식
지역우주 아버지
크라이스 마이클 아톤
(Christ Michael Aton)

영의
3요소

용(陰)
네바도니아 의식
지역우주 어머니
네바도니아
(Nebadonia)

진리의 영
Spirit of Truth

거룩한 영
Holy Spirit

• 이성 작용
• 논리와 지성
• 양심의 재판관

• 감성 작용
• 사랑, 자비와 연민

영의 3요소

진리의 영, 거룩한 영 그리고 사고조절자를 영의 3요소라고 합니다. 창조주가 인간의
영에 불어넣어준 영의 3요소는 인간이 빛과 진리를 찾고 창조주 하나님의 품으로 돌아
가게 만드는 나침반입니다. 영의 3요소가 내재되어 있기에 우리는 모두 하나님의 불성
(佛性)을 품고 있는 신성한 존재이며 이것을 깨우는 것이 곧 의식각성이요 깨달음이며
영적 진화여행의 목적입니다.

수련이나 명상을 통해
깨우면 되는 것이지 굳이 외부에서
준비된 예수님의 재림 같은 것을
기다릴 필요는 없으며
그리스도 의식을 스스로 깨우면
5차원 차원상승이 되는 것이고
내면에 있는 그리스도 의식을 깨우지 못하면
5차원 차원상승이 이루어지지 않는다는
논리를 가지고 있습니다.

'오직 내면의 그리스도 의식을
깨우기만 하면 된다'는 의식을 가진 영성인이지요.

그럴듯해 보이는 내용 같지만
심각하게 오염된 메시지이며
교묘하게 마사지(왜곡)된 메시지입니다.
우데카의 입장을 분명하게 전합니다.
예수님의 재림은 분명 준비되어 있습니다.
그리고 네바돈 우주의 창조주인
크라이스트 마이클 아톤(그리스도)의 방문도
준비되어 있으며
물질문명의 마지막 때를 준비하는
아보날*의 수여도 준비되고
있습니다.

분별력을 기르게 하기 위해
진짜와 가짜를 섞어 놓았으며
진리를 보호하고자
거짓을 일부러 유통시키고 확장시켰으며
진실과 거짓을 섞어서 유통시켰습니다.
진리를 감추고자
거짓에게 진리의 옷을 입혔으며
가짜에게도 힘을 실어줄 때도 있는 것이며
진짜 같은 가짜도 많이 있는 것입니다.
그것이 진짜를 보호하는

아보날(Avonal)

마이클(Michael) 그룹, 데
이날(Daynal) 그룹과 함
께 창조주의 세 자녀그
룹 중 하나. 13차원의 대
영(大靈)이며 창조주 직할
의 우주 최정예 군인신분
으로 지역우주의 치안, 판
사, 행정, 통치 등을 담당
함. 빛의 일꾼 144,000명
은 창조주의 명에 따라
문명종결자의 역할을 수
행하기 위해 육화(肉化)한
아보날 그룹임.

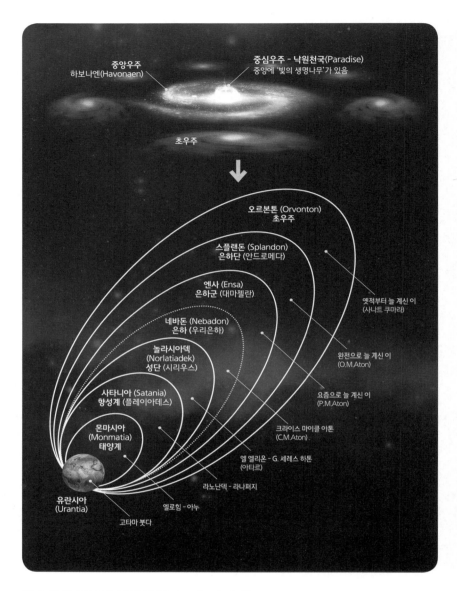

대우주의 구조와 네바돈(Nebadon) 은하

대우주의 중심에는 낙원천국인 파라다이스가 있고, 그 둘레로 중앙우주인 하보나엔이 있습니다. 하보나엔의 바깥으로 12개의 초우주가 있는데, 우리가 속한 초우주는 7번째 오르본톤입니다. 우리 은하인 네바돈은 나선형의 신생은하로 C.M.아톤(Aton)에 의해 창조되었고, 수도는 구원자별(Salvington)입니다. 지구는 우리 은하에서도 가장 낙후된 곳 중의 하나이지만 실험행성으로써 가장 주목받는 행성이 되었습니다.

가짜들의 역할이자 임무입니다.
그래서 참과 거짓을 볼 수 있고
가짜와 진짜를 볼 수 있는
분별력이 필요한 것입니다.

예수님의 재림과 그리스도의 방문이 없다는
생각이나 의식을 가진 사람은
분별력을 더 키우기 바랍니다.
빛의 일꾼 144,000명 또한 존재하며
바로 이 글을 읽고 있는 당신이
빛의 일꾼일 수 있다는 사실입니다.
예수님의 재림은 준비되어 있으며
그리스도의 수여 또한 준비되어 있습니다.
그렇게 될 것이고
그렇게 되었으며
그렇게 되었습니다.

내가 창조주다?

하늘이 주는 소리라고 다 진리라고 믿는
순진한 사람이 참 많습니다.
차크라도 연결되지 않은 상태에서 하는
내면의 소리나 채널링 메시지를
어찌 그리도 의심없이 분별없이 다 믿고 있는지
참으로 한심한 형국입니다.

영성모임에 채널링을 하는 사람이 드물다보니
그들이 아주 귀한 사람이 되었으며
채널링 메시지를 분별할 수 있는 능력이 없다보니
자신에게 주어지는 채널 메시지의 출처가
빛인지 중간계인지 어둠인지조차도
인지하지 못하며
자신에게 주고 있는 메시지나 내면의 대화가
귀신 선생인지 어둠의 천사인지
빛의 천사인지 자신의 상위자아인지
분별하지 못하는 영성인이 대부분입니다.

채널의 진실도가 뭔지도 모르는 사람이
무속인의 수준에서 하는 하늘의 소리를
100% 그대로 믿고
자신의 인생을 거는 영성인이 많으며
아무도 그 심각성을 모르고 있습니다.

채널을 주는 쪽이 누군가를 알아야 하며
왜 그런 메시지를 나에게 주는지
물어보고 또 확인해야 함에도 불구하고
의식의 각성이 일정수준 이상이어야
채널의 진실도가 높아지는데
이것을 인지조차 못하고 자신이 듣고 있는
소리나 채널을 100% 믿는
어처구니없는 일들이 우리 영성계에서
일어나고 있습니다.

대표적인 예로
스스로 근원의 근원이라 칭하면서
창조주를 임명하는
일명 창조근원파✣의
출현이 있습니다.
세상은 이미 끝났으며
자신이 인류의 영을 다 회수하였으며
인류는 대부분 영이 빠져나간 좀비들로
정리할 일만 남았고
새로운 테라^{terra,지구}에 옮겨질 최고위원들이
창조주의 분신들로 직접 지구에 육화해 있으며
이들을 임명하고 파면하면서
창조근원 놀이를 하고 있습니다.

우데카를 자신이 임명했다고

창조근원파
우주는 제1창조근원(창조
주)에 의해 공간이 열리면
서 태동되었고 그 뒤를 이
어 제2창조근원(무한영)에
의해 시간이 열림. 제3창
조근원 (우주아버지,에너
지), 제4창조근원 (어둠의
근원), 제5창조근원 (영원
어머니,빛)에 의해 우주가
자리를 잡았으며 특히 무
한영, 우주아버지, 영원어
머니를 삼위일체 창조근
원이라고 함.

헛소리를 하는 사람이 있으며
아직도 자신이 듣고 있는 소리가
진실도 100%라고 믿고
신념에 찬 발걸음을 옮기는 창조근원파,
수많은 창조근원이 있으며
자신이 창조주임에
뿌듯해 하는 사람 또한
영성계에 퍼져 있습니다.

이토록 어리석단 말인가?
무지하고 의식이 깨어나지 못한 인간이
스스로 창조주라는 환상을 만들고
그 소리를 하늘의 소리라 믿고
창조주 놀이에 빠져 있는가?
왜 그리도 창조주들이 많으며
창조주로서 권능을 가지고 있는가를 묻기 전에
거짓 메시지와 진실한 메시지를
분별할 수 있는 능력을 갖추는 것이
창조주가 되기 전에
먼저 갖추어야 할 일이 아닌가?

창조근원은 특정한 사람으로 육화한 것이 아니라
우리 모두는 창조근원의 단편인
영의 모나드✦를 누구나 가지고 있으며
우리 모두는 다 창조근원의 에너지를

모나드(monad)

단자(單子).
모든 존재의 기본이 되는
비물질적 실체.

가지고 육화한 그 분들의 자녀입니다.
모두가 그렇게 전체의식 속에서
하나의 의식으로 존재하고 있습니다.

우주선이 인류를 구원한다?

진짜를 보게 하기 위해
수많은 가짜가 필요하며
빛을 알아보고
물질의 부질없음을 머리가 아닌 가슴으로
받아들이고 이해하는 데에는
물질(어둠)을 경험하고 체험하는 수밖에 없습니다.

채널 메시지 속에는
진짜와 가짜가 섞여 있으며
진실과 거짓이 함께 주어져
메시지를 읽는 사람의 의식과 분별력을
각성시키고자 하는 의도가 숨어 있습니다.
우주의 비밀이나 우주의 진리는
아무에게나 쉽게 주어지는 것이 아닙니다.
그것을 하기로 예정된 사람이
예정된 시간에 그 일을 하고 가는 것입니다.

가공되고 마사지(왜곡)되고 부풀려진
수많은 거짓 정보들 중에
우주선을 통한 인류의 구원이 있습니다.
국내나 국외에 있는 영성인 중에는
밤마다 우주선을 기다리며

종말을 기다리거나 자기에게만 특별하게 주어지는
특별한 구원의 방식으로
우주선이 자신을 구해줄 거라고 믿고
오늘도 밤하늘을 보고 있는
한심한 영성인이 존재하고 있습니다.

우주선을 이용한
인류의 집단구원은 없습니다.
이 방식은 마지막 타임라인✢에 맞추어
어둠의 형제들에게 주어진
창조주로부터 허락된 권세입니다.
이 우주선을 타기 위해
내 이웃을 죽이고
내 형제를 죽이고
내 가족마저도 버리면서까지
우주선을 타려고
지구를 탈출하려고 하는
이기적인 마음으로 자신의 자유의지로
자기 스스로를 심판하는
우주선을 통한 어둠의 행성으로의
계획된 이동이라는 속임수가 있을 예정입니다.

어둠에게 주어진 이 권세에
참 많은 사람들이 동료를 배신하고 죽여가면서
자신의 생존을 위해

타임라인(timeline)

시간표. 천상정부에서 기획하고 프로그램한 미래에 일어날 지구의 운명 스케줄과 각 영혼의 인생 스케줄을 통틀어서 말함.

서로를 죽이고 살육하는 어둠의 방식을
인류가 체험하게 될 예정입니다.
어둠의 방식으로서의 우주선을 통한 구원은
구원이 아닌 어둠의 물질행성으로의
이주 계획임을 잊지 마시기 바랍니다.

빛의 방식으로서의
인류의 집단구원은 없을 것입니다.
마지막 때 소수를 위한 재난으로부터
선택적인 구조가 계획되어 있을 뿐입니다.
우주선을 이용한 구원이 있다는
달콤한 말이 현실이 되어 다가올 것입니다.
의식이 깨어있지 않으면
두려움과 공포가 지배할 때
냉철하게 판단을 내리기 어려울 것입니다.

빛의 방식의 구원은
외부에 있지 아니하고
오직 내면에 있는
자기 자신의 상위자아와의 합일에 있음을
기억하고 준비하십시오.

그때가 지금이며
깨어나고 있는 당신의 동료가 있습니다.
당신이 깨워야 할 많은 빛의 동료들이

기다리고 있습니다.

144,000명 빛의 일꾼인 당신이 깨어나기를

이 우주는 기다리고 있습니다.

그때가 바로 지금입니다.

250만 년을 기다려온 지금입니다.

그렇게 될 것이고

그렇게 되고 있으며

그렇게 되었습니다.

3부. 영성인의 헛소리   93

준비된 일꾼을 몰라봐?

상담을 하거나
소개로 찾아오는 영성인 중에는
참 다양한 사람들이 있습니다.
상담자의 생각의 흐름을 읽다 보면
다음과 같이 웃음밖에 안 나오는 경우가 있습니다.

영성인의 모순된 모습

● 우데카가 빛이라면 나의 상위자아가 때가 되면 알아
  서 안내해줄 거야. 아직은 그때가 아닌 것 같네.

● 내가 하늘 일을 하고 싶으니 이제 인연을 만나게 해
  달라고 기도하고 있었고 마음속으로 간절하게 기도
  하며 나의 갈 길을 묻고 있었는데 우데카가 이런 기
  도를 하고 있는 나를 몰라보는 것을 보니 가짜이거나
  어둠일지 몰라.
  짜~식, 준비된 빛의 일꾼도 몰라보는 주제에 빛이라
  고.

● 아직은 간을 더 보고, 아직은 지켜보는 게 좋겠는데.
  하는 짓이 독특하기는 한데, 좀 더 지켜보면서 판단
  하는 게 좋겠어.

생각의 자유와
착각의 자유가 보장된 사회에서

이런 생각을 가진 사람들을 만나거나
상담을 하면서 사람의 마음을 읽는다는 건
매우 불편한 일입니다.
자신을 몰라본다고 삐치는 경우가 제일 많은데
자신의 자만과 교만을
스스로 인지하고 알아채지 못하는 사람에겐
어쩜 당연한 수순이 아닌가 생각합니다.

우데카가 자신을 몰라본다고
자신을 대접해주지 않는다고
발길을 거두는 영성인이 많지요.
이런 사람은 얼른
착각에서 깨어나기 바랍니다.
하강하는 빛의 일꾼은 이 세상에
대접받고 인정받으러 온 것이 아닙니다.
우주의 질서를 바로잡고
순행시키기 위해 투입된
우주의 전사임을 기억해주십시오.

우데카는
사회적 지위가 높은 사람이나
자신이 부자라고 막 드러내고 싶은 사람이나
사회 유명인사나
영성계의 중요 인물일지라도
특별하게 대접해주는 일은

지금까지도 없었고
앞으로도 없을 것입니다.

부자든 부자가 아니든
교수든 교수가 아니든
유명하든 안 유명하든
가난하든 가난하지 않든
어떠한 차별과 편견 또한 없을 것이며
역차별 또한 없을 것입니다.
이곳은 인정받으려고 오는 것이 아니라
공부하러 오는 곳이며
하늘의 일을 하러 오는
빛의 일꾼을 위한
아주 빡쎈 훈련장입니다.

헛소리를 안하고
침묵하는 당신일지라도
당신의 생각을 보고 느끼는
고수들이 즐비한 곳임을 알고
신중하게 방문해 주시기 바랍니다.

낭만적인 영성인?

이해가 잘못되어 생기는 오해는
시간이 지나면서 진실이 드러나거나
자연스럽게 해결되는 경우가 많습니다.
하지만 시간이 흐르면 흐를수록
더 완고해지고
안타까운 시간만 흐르고 있는
영성인이 있습니다.

술 한 잔 해가면서
서로의 아픈 가슴을 달래고
구름과자를 입에 물고
자기 에고의 한숨을 토해내고
창가에 앉아
차 한 잔 마시면서
가슴 설레는 낭만을 이야기하며
밖에서 들어온 온갖 정보만을 가지고
참과 거짓을 논하고
정화되지 못한 에고가 담긴
정의의 이름으로 타인을 냉정하게
비판하고 판단하면서
영성인이라고
종교인이라고
긴 세월 몸에 밴 습으로

아직도 잠에서 깨어나지 못하고 있습니다.

황금나팔 소리가 울리고 있는 것도 모르고
황금나팔 소리*가 볼륨을 높여
들려주고 있는 이때에
가부좌를 틀고 앉아
행함이 없는 수행을 고집하면서
인터넷 카페의 오염된 지식들을
구분하지도 못하는 마음의 눈으로
지적 유희와 언어의 감옥 속에 있는 줄도 모르고
'내가 영성계에서 굴러온 짬밥이 얼마인데'
'내가 그래도 카페 운영자인데'
'내가 누구의 사람인데'라는
수많은 분별 속에 안타까운 시간은
흘러가고 있을 뿐입니다.

이제는 때가 되어
소집과 훈련을 알리는
천상의 황금나팔 소리가 들리지 않는가?
어찌하여 그대는
그렇게도 눈이 멀고 귀가 멀어
낭만적 영성인으로 추락했는가?
그대가 그토록 비난했던
기존의 종교인과 무엇이 다르단 말인가?

황금나팔(golden trumpet) 소리

황금나팔 소리는 3차원 인류에게 하늘이 주는 메시지나 경고를 통칭하는 말.

이 글을 읽는 영성인이여!
이 글을 읽는 빛의 일꾼이여!
우주 아버지와 우주 어머니가 들려주는
황금나팔 소리를 어찌하여 듣지 못하는가?
어찌하여 아직도
철없는 아이처럼 그 소리를 밖에서 구하는가?
이 글을 읽고 읽는 그대의 오감으로
느낄 수가 없단 말인가?
숨이 차오르고 물이 차오르고
불기둥이 여기 저기 떨어져야
그때야 알아차리겠는가?

지구 문명의 대주기가 변하는
그때가 지금이거늘
그대는 깊은 잠에 들어 있노라.
이제는 눈을 비비고 일어나십시오.
일꾼은 일을 해야 일꾼입니다.

의식의 잠에서 깨어난 일꾼만이
마음 한 자락의 믿음과 순종으로
하늘과 함께 길을 가는 것입니다.
「빛의 생명나무」는 일꾼을 일꾼답게
교육하고 체험하는 우주학교입니다.
철이 든 학생의 입학을 기다리고 있습니다.
어서 오십시오.

내가 빛을 보고 채널을 하는데?

영성인 중에 빛을 보고
하늘의 소리를 듣는 사람이 아주
귀하던 시절이 있었습니다.
서양의 채널링 메시지에 의존하다
국내에도 그럴 듯한 채널러가
나오기 시작한 것이 얼마 되지 않았습니다.

국내 영성계의 수도라고 하는 서울에
영성모임이 많다고는 하지만
그 중에서 채널에 대해 제대로 알고 있고
자신이 하는 채널의 진실도를
알고 있는 사람 또한 매우 드물며
채널을 주는 사람이 귀신인지
어둠인지 중간계인지
자신의 상위자아인지
천상정부 소속 빛의 천사인지를
정확하게 구분하기란 거의 불가능하며
이런 구분이 있는 것조차
알지 못하는 영성인이 대부분입니다.

빛을 보긴 보는데
자신이 보는 빛이 홀로그램이라는 것을
아는 영성인이 드물고

홀로그램의 수준에도 등급이 있음 또한
인지하는 영성인이 없으며
그저 자신이 보는 빛과 홀로그램 영상이
전부 진실이라고 믿고 있는 영성인이
어떤 말로도 대화가 통하지 않는 철벽이 되어
자신이 경험한 세계에만 머물고 있습니다.
이렇게 철없고 답답한 양반과 문제아가
바로 영성인 자신입니다.

빛을 본다고 목에 힘이 잔뜩 들어가
대단한 사람처럼 행세를 하고
채널을 한다고
대단한 능력인 양
자신도 인지하지 못하는
자만과 교만 속에
머물고 있는 사람이 많은데
이들을 가리켜 우데카는
속이 영글지 못한 '엉성인'이라고 합니다.
우주를 보는 의식 수준은
우물 안에서 우물을 넓히는 수준이고
타인을 품고 타인을 이해하는 수준은
'나잘난' 여사와 '나잘난' 사장님의
수준을 넘지 못합니다.

빛을 보고 채널을 하는 능력을 일찍부터

하늘로부터 부여받은 것은
엉성인들이 잘나서 그런 것이 아니라
그 사람의 인생 프로그램 과정이나
보이지 않는 세계에 대한
바람잡이 역할과 홍보와 전파에
그 목적이 치중되어 있는 경우가 많으며
공부하는 과정에 잠시 주어지는
흥미꺼리를 가지고 마치 대단한 것처럼
착각하는 엉성인이 너무 많습니다.

하늘이 주는 채널과 홀로그램은
그냥 그 사람의 능력을 인정해서 준 것이 아니라
스위치 하나 켜준 것처럼 간단한 일이며
그 스위치는 언제든 꺼질 수 있다는 것을
모르는 아주 무지한
엉성인이 참 많습니다.

「빛의 생명나무」에서는
빛을 보고 채널을 하기는커녕
일명 까막눈과 먹통으로
아무것도 안 보이고 안 들리는 사람이
오히려 특수능력을 가진 사람이며
이런 특수능력을 가진 사람 또한
그리 많지 않습니다.

빛을 보고 채널을 한다는 것은 그냥
하늘이 스위치 하나 켜준 것에
불과한 것임을 알기에
「빛의 생명나무」에선 모두 자기 공부 자리에
한결같이 있는 것입니다.

빛을 보고 채널을 하는 영성인 중에
낭만적인 영성인과
나잘난 여사와
나잘난 사장님을 대표하는
엉성인의 출입을
강력하게 제한할 것입니다.

내가 굳이?

커피 한 잔의 여유와 함께 하는
영성인의 엉성한 사유체계는
오염될 대로 오염되어 있어
사실상 그들이 하늘의 도움 없이
마음 한 자락의 의미를 알고
자신의 자만과 교만, 편견과 아집, 독선을
내려놓고 백의종군하기는
낙타가 바늘구멍에 들어가는 것만큼
어려운 일입니다.

영성인이 영혼의 신성함을 믿고
우주에서 영혼의 진화여행을 믿는 사람이라면
영성인은 자신만의 상*에 갇혀
그 때가 다가오는 줄도 모르고
철없는 아이처럼 아직도 외부에서
자신을 구원해줄 우주선을 기다리며
상위자아가 알아서 해줄 거라 믿고 있으며
아직도 그 때의 증거가 확실해질 때까지
간을 보고 눈치를 보면서
아직도 수행할 시간이 부족해
깨닫지 못했다는 망상을 가진
낭만적인 수행파가 주류를 형성하고 있습니다.
그들이 늘 쓰고 애용하는 용어 중에

'굳이'라는 표현이 있습니다.

내가 굳이
바쁜 일도 많은데?
내가 굳이
먹고 살기도 힘든데 누군가에게 배운다는 건?
내가 굳이
아쉬울 게 하나도 없는데
나이도 어린 친구에게 가서 공부를?
내가 굳이
이 평화로운 시절에 재난대비를 해야 하나?

수많은 '굳이'의 사연이
낭만적 영성인의 출입을 막고 있으며
앞으로도 '굳이'는 가장 강력한
빛의 일꾼 스스로를 평가하는 잣대이자
소극적인 의식의 결정판이 될 것입니다.

내가 굳이
보이지 않는 세계를 믿을 필요가 없으며,
내가 굳이
차크라를 열 필요가 있는가?
내 안의 그리스도 의식을 깨우기만 하면
그뿐이 아닌가!
내가 굳이

먹고살기 바쁘고
부인과 아이들을 외면한 채
돈 안되는 공부를 해서 무엇을 하려는가?
내가 굳이
주위의 따가운 비난을 받으면서
빛의 일꾼을 할 필요가 있겠는가?
한恨 많은 내 인생
형편이 나아지고 좋아지면
그때 빛의 일꾼을 폼 나게 하면 되지 않겠는가?
내가 굳이
이 공부를 꼭 해야 되나요?

'굳이'의 변명들이 늘어갈수록
에고의 변명 또한 늘어갈 것입니다.

어둠의 매트릭스를 다른 말로
물질의 매트릭스라고 말합니다.
조금만 마음을 방심하거나
마음의 중심을 놓쳐 버리면
보이지 않는 세계를 공부하고
보이지 않는 세계를 믿다가도
어느 한순간 물질 세상이 주는
안락함과 달콤함에 금방이라도
빠져드는 것이 물질의 매트릭스가
갖고 있는 아주 강력한 힘입니다.

물질 세상에서 인정받고
대접받는 직업을 가지고 있는
의사나 교수 신분의 사람들은
공부의 과정이 결코 쉽지 않습니다.
부자로 살아 온 영성인 또한
빛의 일꾼의 길을 가기가 결코 쉽지 않으며
물질 세상이 주는 달콤함과 편안함이 주는
특권의식은 결코 빛의 길을 공부하기에
유리한 조건이 될 수 없습니다.

배수의 진을 치고
산전수전을 다 겪고
삶의 공중전과 수중전을 치르면서
삶의 아리랑 고개를 넘어온
몽땅 털린 빛의 일꾼들은 그나마
눈빛이 살아 있으며
자신이 맡은 사명과 소명을 잘 따르며
더 이상 물러설 곳도 없으며
더 이상 돌아갈 곳도 없으며
더 이상 미련둘 것도 없기에
하늘에 순종하는 경향이 강하게 나타납니다.

돌아갈 곳이 있고
돌아가면 언제나
자신의 신분을 유지할 수 있으며

대접받을 수 있는 위치에 있는 사람은
공부를 하다 조금만 어려움에 부딪치면
정면 승부를 피하고
물질세상 속으로
스스로 말판을 옮기는 사람이 대부분입니다.

내가 굳이
이 공부를 할 필요가 있는가?
내가 굳이
특별한 대접을 받으려고 한 건 아니지만
남들이 가지 않는 빛의 일꾼의 길을 가야 하는가?
내가 굳이
편하게 먹고 살 수 있는데
힘든 이 길을 갈 필요가 있는가?

그럼에도 불구하고
내가 굳이 이 길을 가려고 하는지
그 이유를 정말로 모르겠네?
내가 굳이
이렇게 안 해도 되는데!

사이비?

인간이 가진 대단한 착각 중에 하나가
내 의지대로
내 마음대로
나의 삶을 살고 있으며
그렇게 살고 있다고 믿고 있는 것입니다.

자기 믿음의 방식대로
자기 에고의 의식 층위에서
사회적 관습의 테두리에서
남들처럼 사는 것이 최고의 선이며
남들처럼 사는 것이 최고의 가치인 것처럼
우리의 가치체계는 아주 완고하게 굳어져 있습니다.

남들처럼 평범하게 살고 있으면
잘 사는 것이라는 착각에서 벗어나
자신만의 생각과 가치와 믿음 속에서 사는 사람을
나와 같지 않다는 이유만으로
사이비 또는 어둠이라고
우리는 집단적으로 평가하고 외면하는
의식의 구조를 가지고 살고 있습니다.

이 세상은 늘
사이비와 어둠이라고 평가받던 것이 대중화되면서

또 다른 기득권이 되고
종교가 되고
믿음이 되고
제도가 되고
관습이 되고
문화가 되면서
역사의 수레바퀴는 돌아가고 있습니다.

또 하나의 사이비와 어둠의 형태로
비추어질 수밖에 없는
우데카의 글들은
현재 인류의 의식수준에서는 받아들이기 어려운
파격적인 내용이 많을 것입니다.

150년 전의 동양의 최고 석학이었던
다산 정약용이 아무리 뛰어난 유학자라도
요즘은 유치원생도 다 아는
'왕(대통령)을 투표로 뽑아야 한다'는
생각을 단 한 번도 하지 못했던 것이
바로 그 시대의식의 반영이자 한계이며
그 당시 누군가가
왕을 백성이 뽑아야 한다고 주장했다면
그는 사이비와 어둠이라는 비판을 넘어서
왕명에 의해 죽임을 당했을 것입니다.

그러나 이제는 때가 되어

하늘의 시간과 땅의 시간이
시절인연에 의해 일치되어 가고 있는 이 때에
그 때를 알리는 우데카의 글들이
「빛의 생명나무」를 통해 세상에 알려지고
펼쳐지는 것입니다.

이제는 잠자는 인류의 의식이
집단적으로 깨어나는 시기가 도래하였으며
하늘의 비밀이
하늘이 일하는 방식이
「빛의 생명나무」를 통해 알려지고
공표되고 있음을 전합니다.

여러분이 깨어나길 기다리겠습니다.

4부
에너지 뱀파이어와 영적 독립

나는 지금 울고 있어요

배가 고픈 사람에게는
따뜻한 밥 한 그릇이 필요하고
배가 부른 사람에게는
따뜻한 커피 한 잔이 밥보다
더 필요한 법이지요.
배가 고픈 사람이 밥보다 커피를 찾거나
배가 부른 사람이 더 많은 밥을 찾을 때
순리에 맞지 않는 부정성이 올라오고
결국에는 장고長考 끝에 악수惡手를 두는 경우를
보고 또 봅니다.

사연이 없는 무덤은 없으며
삶의 아리랑 고개마다
쏟아놓은 분노와 절망은
사람마다 다르고
자기 수준에서 느끼는
삶의 무게는 모두가 힘들기에
고단한 삶을 살지 않는 사람은
아무도 없다는 것입니다.
사람마다 생각과 가치관이 다른 것은
사람마다 삶의 현장에서 배우는
의식의 층위가 다르기 때문입니다.

인정받기를 원하는 사람일수록
기득권을 누리고 살아온 사람일수록
물질의 풍요를 누려온 사람일수록
자존심이 강한 사람일수록
종교의 신념 속에서 살아온 사람일수록
타인의 아픔을 이해하고
공명하는 데 많은 어려움이 있습니다.
머리로는 이해되는 것이
가슴으로 내려와 손과 발이 움직여야 하는
실천의 단계로 내려가기란
힘겹고 어려운 길입니다.

자신의 손톱 밑의 가시가
우리 사회의 문제보다 못할 순 없고
자신의 발등에 떨어진 불이
우주의 문제보다 못할 순 없으며
내 가족의 문제가
지구의 문제보다 못할 수 없는 것이지요.
내 이기심과 욕망의 문제보다
창조주와의 약속을 더 소중하게
느끼지 못하는 것이 오늘날 의식이 잠들어 있는
빛의 일꾼의 문제입니다.

내가 겪고 있는 문제에 대해
사람들은 늘 현실의 문제에 대해

과장하거나 확대해서 받아들이고 있으며
부정적인 생각이나 감정에
에너지를 실어 주면서
스스로 자폐적이면서 자기 비하적인
비합리적인 결정을 내리고 있는 것입니다.

내가 아프고
내가 힘들고
스스로 울고 있는 사람이 할 수 있는 건,
사랑받기 원하고
그 사랑받고자 하는 감정체의 에너지가
다양하게 굴절되고 왜곡되면서
다중인격을 형성하게 됩니다.

자신의 문제에 갇혀있는 사람에게
공의를 이야기하고
사랑을 이야기하고
우주의 진리를 아무리 이야기해 봐도
결국은 공허한 메아리만 들려올 뿐입니다.

나는 지금 힘들고 지쳤으며
지금은 혼자서 쉬고 싶습니다.
나는 지금 상처가 너무 심해
사랑을 받아야 되며

그런 사랑이 찾아오기를 기다리고 있어요.
나는 지금 내 문제를 해결하기도 바쁜데
내 주위에는 온통
내 도움이 필요한 사람들뿐입니다.
나도 쉬고 싶고
나도 관심받고 싶고
나도 울고 싶어요.
아니 지금 나는 울고 있어요.
그래서 위로받고 싶고
인정받고 싶고
나와 말이 통하고 생각이 통하고
느낌이 통하는 사람을 만나고 싶어요.

당신만 힘들다고 말하지 마세요.
나는 당신보다 더 힘들고
나는 당신보다 더 어려운 형편이에요.
나에게는 지금 아무도 없어요.
나 지금 힘들어 죽겠어요.
나를 도와줄 누군가가 필요해요.
나는 지금 울고 있어요.

울고 있는 당신에게

자신의 문제가 해결된 사람만이
타인을 제대로 볼 수 있습니다.
자신의 에고의 부정성이 해결되어야만
타인의 부정성을 관찰자의 입장에서
냉철하고 객관적으로 볼 수 있는 것입니다.
우주를 움직이는 두 수레바퀴인
냉정함과 뜨거움의 방식으로
내 문제와 타인의 문제를 조율할 수
있는 것입니다.

내가 아파하며 울고 있으면서
울고 있고 아파하는 내 이웃과 주변인을
어떻게 상담할 수 있으며
그들을 의식각성의 길로 어떻게
인도할 수 있겠습니까?
의식이 각성되지 못한 상태에서
어설픈 동정심만으로 당신은
무엇을 할 수 있다고 생각하는지요?

자신의 문제를 해결한 사람도 없으며
내 문제를 해결해줄 사람도 없다는 것을
우리 모두는 알면서도
누군가를 기다리며

누군가를 의지하고
누군가를 믿으며
그렇게 살고 있으며
그렇게 알고 있으며
그렇게 살아가고 있습니다.

의식각성이란
내 문제의 해결인 동시에
우리 모두의 문제를
볼 수 있고 해결할 수 있는
거시적인 관점으로 세상을 살아가기 위해
꼭 필요한 것입니다.

나의 문제가 바로
당신의 문제이고
당신의 문제가 바로
내 문제이고
우리 모두의 문제라는 걸
알아채고 눈치채는 과정이
그리 쉽지 않습니다.

내가 깨어나고
내가 의식의 성장을 이루고
내가 영적으로 독립을 이루고
상위자아와 천상정부와 소통이 되는 사람만이

울고 있는 당신에게
막걸리 한 잔 하면서 하는 위로를
넘어설 수 있는 그 무엇을 줄 수 있습니다.

커피 한 잔의 여유를 즐기면서
수행의 낭만을 이야기하는
현실적 감각으로는
울고 있는 당신에게
당신이 해줄 수 있는 것이
아무것도 없다는 것을 인정할 때만이
당신은 철이 든 것입니다.

울고 있는 당신에게
아무것도 해줄 수 없다는 것을 아는 당신만이
울고 있는 수많은 당신을
공의로써
진리로써
대가없는 사랑으로 볼 수 있고
품을 수 있을 것입니다.
그 이외의 것은 사족이자
군더더기일 뿐이며
어설픈 동정심과
어설픈 감정이입일 뿐입니다.

나도 울고 있고

당신도 울고 있는
삶의 치열한 현장에서
오직 의식각성만이 그대와 함께 하길
바라고 바랄 뿐입니다.

그 이외의 것은 모두 군더더기이며
내려놓아야 하며
정리할 대상이며
스스로 제 갈 길을 가게 하는 것이야말로
우주의 이치이자
우주의 순행인 것입니다.

이 우주에서 잘못되는 것은 아무것도 없습니다.

에너지 뱀파이어*란?

이기적인 사람일수록
자신의 몸에 대한 애착이 강하며
자기를 과장하는 마음이 강하게 나타납니다.
내가 제일 힘들고
내 문제가 제일 크게 보이고
내 삶의 모순이 가장 크게 보이는 법입니다.

뱀파이어(vampire)
죽은 자의 영혼이 자신의 시체에 들어가 되살아나서 살아있는 사람의 피를 빨아먹으며 연명하는 흡혈귀.

어리광을 피우는 인간의 행동 유형은
참으로 다양하게 나타납니다.
타인에게 인정받기를 원하고
자신을 알아주기를 바라고
사랑받기를 원하며
관심받기를 원합니다.
이렇게 어리광피우고
관심받기 원하는 사람을 우리는
'에너지 뱀파이어'라고 합니다.
자신의 에고의 습과 모순은 그대로 둔 채
주변의 밝고 맑고 깨끗한 기운을 마구 흡수하면서
주변의 에너지로 자신의 문제를 해결하려는
사람을 말합니다.
자신의 문제를 정면 돌파하지 못하는
에너지 뱀파이어가 주변에 너무 많습니다.
밝고 맑은 에너지를

주변에 나누어 주지 못하고
오직 흡수만 하는 에너지 뱀파이어는
늘 부정적이며
늘 게으른 방식의 패턴을 유지하며
자발적이지 못하고
자기 폐쇄적이며
감정의 변화가 심하거나
감정의 억압이 심해
심리적으로 매우 불안정한 상태를
유지하는 사람이 많습니다.
늘 미래에 대한 두려움으로
현실을 즐기는 데에도 실패하는 유형입니다.

에너지 뱀파이어가 하는 말이 있는데
당신만 울고 있는 것이 아니라
나도 울고 있으며
나도 무척 어렵게 살았어요.
나는 행복한 적이 별로 없었으며
경제적으로 풍요롭게 살아본 적이 없었지요.
나도 힘들 만큼 힘들어 보았고
나도 할 만큼은 다해 보았어요.
당신만 힘들다고 말하지 마세요.
나도 힘들게 살았어요.
에너지 뱀파이어는 자신을 속이고

남을 속이는 데에 익숙한 사람이며
삶을 정면 돌파하기보다는
주변인에게 묻어가거나
부모나 가족에게 묻어가는 경우가 대부분입니다.

영적인 독립이 후퇴하며
영적인 각성이 늦어지며
영적으로도 경제적으로도 주변인과
관계자들과의 대등한 수평적 관계가 아닌
의존적 관계나 종속적인 관계를
유지할 수밖에 없는 유형의 사람입니다.

당신이 빛의 일꾼이라면
부부관계나 가족관계나 사회생활에서
빛을 전하고
빛을 나누고
마음을 나누고
사랑을 나누는 사람이 되십시오.

에너지 뱀파이어는
빛의 일꾼이 될 수 없으며
주변인과 관계자에게서
영적인 독립이 먼저 이루어져야
빛의 일꾼이 될 수 있습니다.

에너지 뱀파이어와 주인의식

주인의식을 갖는다는 것은
빛의 일꾼으로서 가져야 할 기본 덕목입니다.
삶에서 주체성과 주인의식을
갖추지 못한 사람은
사고 조절자를 깨울 수가 없습니다.
사고 조절자를 깨울 수 없다는 것은
창조적인 삶, 깨어나는 삶
매순간 생성하고 창조되는
우주변화의 원리를 이해할 수 없으며
창조와 창작의 기쁨을 맛볼 수 없는 것입니다.

낭만적 영성인의 치명적인 약점은
자신의 생각이나 자신의 고유한 것이
아무것도 없다는 것입니다.
자신이 많이 안다고 하는 사람일수록
대부분 짜깁기 수준의 지식이거나
백화점식의 체계화되지 못한 지식이 대부분이며
철학적 원리나 기원에 대해
정확히 아는 사람을 찾아보기 어렵고
깊이 있는 사유철학을 갖지 못한 채
베끼기나 짜깁기 수준을 넘지 못하여
자신만의 고유한 세계를 가진

지식인이나 영성인을 만나기는
하늘의 별을 따기만큼 어려운 것이 현실입니다.

지식인 혹은 낭만적 영성인의 수준은
인터넷 검색 수준을 넘지 않으며
자신의 생각으로
단 하나의 관념을 생산하지 못하고
오직 외부에 존재하는 지식을 퍼 나르거나
읽는 수준에서의 지식인으로
영성인으로 살면서
오히려 맑고 순수한 에너지를 가진
일반인의 에너지를 흡수하면서
자신의 생명력을 연장시키는
에너지 뱀파이어가 많습니다.

일반인보다 높은 수준의
종교인과 영성인 또한 많고
보이지 않는 곳에서
빛의 사명과 소명의 길을 가는
영성인과 종교인도 많이 있습니다.

그러나 종교인으로
영성인으로 이름이 높으며
성직자나 교수의 이름으로 살고 있는
직업적인 에너지 뱀파이어 역시

많다는 데에 문제의 심각성이 있습니다.

물질 또한 에너지이며
마음 또한 에너지입니다.
물질과 마음 모두 에너지의 작용입니다.
에너지를 다루는 연금술사가
바로 수행자이고
빛의 일꾼인 것입니다.
타인에게 피해를 주지 않는 것은 기본이며
무임승차나 경로우대를 바라지 않으며
자신의 신분에 대한 대우를 바라지 않으며
자신을 향한 과대망상이나
비하적인 태도를 버리고
내 남편으로부터 내 아내로부터
내 주변과 가족으로부터
영적인 독립을 스스로 확립하여야 합니다.

의식각성이 이루어져야
내가 내 주변에 빛을 공급하는 사람이며
내가 내 이웃에 사랑을 전하는 사람이며
이 땅에 빛과 사랑을 전하는
빛의 일꾼으로
빛의 전사로
다시 태어나는 것입니다.

에너지 뱀파이어와 영적 독립

친구 따라 오고 가고
남편 따라 오고 가고
부인 따라 오고 가고
아는 사람 따라 오고 가고
누구누구의 말 한마디에 흔들리고
분위기 따라 오고 가고
아침에 다르고 저녁에 다른
감정의 기복 속에서
나라는 사람은 어디 가고
흔들리고 갈등하고 번뇌 속에서
살고 있는 사람이 대부분입니다.

바람 부는 대로
흔들어대는 대로
3차원적인 인연법과
3차원적인 인간관계에 묶이고 묶여서
이러지도 못하고 저러지도 못하면서
자신의 영적 주권이 있는지도 모르고
자신을 알아봐 주지 않는다고
자신을 인정하지 않는다고
자신을 대접해 주지 않는다고
어리광을 부리고 투정을 부리는
영적인 유아기 상태로 공부를 하겠다고

깨달음을 얻겠다고 빛의 일꾼을 하겠다고
푸른 꿈을 꾸고 있는 엉성한 사람이
너무나 많습니다.

영적인 독립을 이룬 사람은
누구의 영향이나 그늘 속에 안주하지 않고
스스로 갈 길을 찾고
스스로 새로운 지식과 진리를 받아들일 수 있는
준비된 사람을 말합니다.
영적인 독립 없이
빛의 길을 간다는 건 있을 수 없는 일이며
영적 독립에 대한 인식이나 자각 없이
의식의 각성 또한 이루어질 수 없습니다.

영과 혼은 본능적으로 빛을 알아봅니다.
그래서 그 사람이 그냥 좋고
그 장소가, 그 모임이 그냥 좋은 것입니다.
그래서 에너지로 끌림이 있는 곳이나
끌림이 있는 사람에게 기대거나 의지하면서
그곳에 빨대를 꽂거나
수없이 간을 보면서
본인의 의식수준에서는
늘 최선의 선택이나 전략적 선택을
해보려고 노력하는 것이
우리의 모습인 것입니다.

에너지 면에서 누구에게 종속되지 않고
영적으로도 누구에게도 종속되지 않고
당당하면서도 떳떳하게
자유의지로 스스로 구하는 자가 되어 주십시오.

하늘은 스스로 돕는 자를 돕는 법이지요.
누군가에게 에너지 빨대를 꽂아 두고
에너지만 흡수하는 에너지 뱀파이어에겐
공부의 시간이 길어질 뿐만 아니라
의식각성은 멀고 먼 길이며
상위자아와의 합일은 꿈도 꿀 수 없는
머나먼 길입니다.

영적 독립은
내 영혼의 신성함을 믿고
자신을 의지하며 가는 수행의 길이며
홀로 가는 외로운 길이며
낮아지는 길이며
수많은 나(동료)를 만나면서
수평적인 협력관계 속에서
모두 함께 전체의식으로 가는 길입니다.

영적 독립과 빛의 일꾼

내가 나를 믿지 못하는 데에서부터
모든 불신과 부정성이 시작됩니다.
내가 나를 믿지 못하면 결국은
주변사람에게 의존할 수밖에 없으며
자신이 보고 듣고 관찰하고 판단할 수 있는
충분한 정보와 시간이 주어졌음에도 불구하고
결정적인 판단의 순간에는
자신의 판단보다는
타인의 선택이나 판단에 묻어가거나
의존하게 됩니다.

빛의 일꾼이란 빛의 공급자이며
빛의 중심지이며 빛의 통로이며
빛의 생산지입니다.
그 빛은 당신의 영혼이
이 땅에 정박시키기 위해 가지고 온
위대한 영혼의 빛이자
대우주의 사랑과 자비와 연민의 빛입니다.

빛의 일꾼이
빛의 중심지 역할을 잘 해내야 하고
그 역할이 막중함에도 불구하고
오히려 에너지(빛)를 찾아

진리를 찾아 헤매고 헤매이다
끊임없이 자신을 믿지 못하면서
에너지 뱀파이어 신세로 추락해 살고 있는
빛의 일꾼이 대부분입니다.

자신의 모습 그대로 있는 그대로
포장하거나 과장하지 않고
감추거나 숨기지 않고
지금 있는 그대로의 모습을
인정하고 수용하고 사랑하고 아껴주면서
넘어지고 실패하고
시험에 걸려 떨어지더라도
끝까지 포기하지 않는
인내와 끈기를 가지고
마음의 중심을 잃지 않은 채
나를 믿고
나를 사랑하고
나를 의지하며
묵묵히 갈 수 있을 때만이
여러분은 영적 독립을 이룬 빛의 일꾼이자
하늘의 빛의 통로가 될 것이며
더 이상 에너지(빛)를 찾아 헤매는
에너지 뱀파이어가 아닌
빛의 공급자가 될 것입니다.

거울아, 거울아! 세상에서 누가 제일 무섭니?

누군가로부터 에너지로
심리적으로 독립되지 못한 채
자신도 모르는 사이에 서로의 관계성이
점차 종속적인 관계로 잠식되어 가는 경우가
우리 주변에 많습니다.

연인 사이에 부부 사이에
선배와 후배 사이에
언니와 아는 동생 사이에
상사와 부하 사이에
선생님과 제자 사이에
그리고 각종 이해 관계자들 사이에서
우리는 에너지로 묶여 있으면서
종속관계로 매여져 있으며
이러지도 저러지도 못하는
에너지 종속 관계가 많습니다.

누가 그렇게 시키지도 않았는데
그렇게 되는 줄 모르는 채
눈치채고 알아챘을 때는
더는 어찌해볼 수조차 없는
꼬일 대로 꼬여 있는 인간관계 속에서
신음하는 사람이 너무나 많이 존재합니다.

내가 스스로 빠져버린 함정과

제 스스로 판 무덤 중에는

사랑이라는 이름으로

관심이라는 이름으로

가족이라는 이름으로

자신이 자신에게 에너지로 묶여서

발버둥 칠수록 같이 빠져드는 늪이 되었으며

어디서부터 잘못되었는지조차 알 수 없으며

도와줄 사람을 찾아보지만

너무 깊은 인연법의 고리와

무지와 무명 속에서 장님이 장님을 안내하고

앞서서 인도하는 형국입니다.

내가 누군가로부터 에너지적으로 경제적으로

영적으로 독립할 필요를 느낄 때

그때가 바로 내가 상대에게 부여한 에너지가

풀어질 때가 된 것입니다.

그동안 나의 무의식 속에 자리잡고 있던

두려움과 미안함의 에너지가

스스로 자신의 손과 발을 묶고 있었으며

자신이 상대에게 의지하기 위해

상대의 에너지를 흡수하기 위해

얼마나 빨대를 깊게 꽂고 그 상황을 즐기며

거기서 안주하고 있었는지

서로가 서로에게 에너지 뱀파이어로서 변해있는
자신의 모습을 발견해 보십시오.

나약하게 변해있는 자신의 모습을 보십시오.
상대가 떠날까봐 두려워하고 있는
당신의 모습을 보십시오.
스스로 무너져 버린 자존심을 보십시오.
자신이 편하고자
좋은 게 좋다는 생각으로 방치한 결과
그 사람이 어떤 괴물로 변해 있는지
두 눈을 크게 뜨고 똑바로 보십시오.

두렵습니까?
두려울수록 당신은 상대방에게 더 깊게
에너지 빨대를 꽂고 있었으며
알면서도 다 알면서
그러면 안 되는지 다 알면서도
빨대를 더 깊게 꽂았으며
상대가 나에게 꽂고 있는 빨대 또한
좋은 게 좋다고 방치하고 있었으며
한편으론 즐기고 있었지요.

이렇게 우리는 서로가 서로에게
다 알면서도 모르는 척
에너지적으로 서로가 서로에게

에너지 뱀파이어가 되어
서로의 에너지를 갉아 먹고 있는 것입니다.

서로 너무 깊게 인연법에 묶여 있고
자유의지를 스스로 포기한 채
스스로 손과 발을 묶어서
스스로 코뚜레를 뚫어서
스스로 개목걸이를 만들어서
상대에게 그이에게 그녀에게
스스로 투항하는 사람이 있습니다.

그들에게 요렇게 물어 보세요.

거울아, 거울아!
세상에서 누가 제일 무섭니?

우리 아빠
우리 마누라
그이 아니면 그녀
아는 형님
동네 미용실 언니 등등

꼭두각시 인생

가까운 사이일수록
오래된 사이일수록
사랑이라는 이름으로
내 것이라는 소유의식이 강할수록
집착이 강할수록
에너지로도
영적으로도 독립하지 못한 채
서로에게 **심각한 에너지 종속관계**를 넘어
부인의 꼭두각시로
남편의 꼭두각시로
누구의 꼭두각시로 살고 있는
사람들이 너무 많습니다.

서로에게 너무나 깊게 빨대를 꽂거나
꽂혀 있는 줄도 모르고
조종당하는 인형이나 로봇처럼
부부라는 이유로
선배와 후배라는 이유로
아는 사람끼리 좋은 게 좋다고
그렇게 살고 있는 에너지 뱀파이어가
너무나 많이 있습니다.

서로에게 에너지로 종속되어 있는 것 역시
인연법과 카르마의 법칙에서
자유로울 수는 없지만
그것에 의미를 부여하고
그것에 갇혀 버리고
저항을 포기하면서
두려움 속에서
남이 나를 어떻게 볼까를 염려하면서
그런 관계가 문제가 있음을 알면서도
끊어내지도 못하면서
어떻게 풀어낼 방법도 모르는 채
좋은 게 좋다고
지속적으로 에너지를 주고 있으며
그것이 그렇게 되도록 방치한 책임 또한
자신에게 있는 것입니다.

거울아, 거울아!
세상에서 누가 제일 무섭니?
그 답은 바로 여러분 스스로가
의미를 부여하고
의미를 창조하면서
스스로 키워낸 삶의 모순인 동시에
상대방과 내가 동시에 창조해낸
괴물인 것입니다.

의미는 부여되는 것입니다.
그 의미에 힘을 실어 주고
그 의미를 확장시키고
괴물처럼 키워서
더 이상 어찌 할 수 없는
괴물로 만들어 버린
모든 책임은 당신에게 있는 것입니다.

당신 스스로 그렇게 만들어낸
또 다른 나의 모습 속에
그이와 그녀가 있으며
그런 사람과 이런 사람이 있는 것입니다.

아직도 당신은 또 다른 당신에게
빨대를 더 깊게 꽂기를 원하십니까?
빨대가 더 깊게 꽂히기를 바라십니까?
빨대를 뽑기를 원하십니까?
빨대를 상대가 뽑아주길 원하십니까?

'남편의 밥상'과 '거울아, 거울아!'

두려움은 인간의 행동을
결정짓는 중요한 인자입니다.
인간이 두려움을 마주했을 때에는
정면으로 승부하지 못하는 경우
두려움을 피해 회피하거나 도망가거나
두려움에 사로잡혀
어둠의 감정을 아주 리얼하면서
치열하게 체험하도록
이 우주의 프로그램은 작동됩니다.

두려움을 회피하는 다양한 유형 중에
'거울아~ 거울아~'가 있으며
'남편(가족)의 밥상'이 있습니다.
'거울아, 거울아!
세상에서 누가 제일 무섭니?'라고 했을 때
'내 부인과 내 남편'이라고 대답하는
사람이 있습니다.
'남편의 밥상'이란 가족의 구성원이
자신이 하고자 하는 일에 발목을 잡을 때
그 일을 핑계 삼는 사람을 가리킬 때 사용하는
우데카만의 용어입니다.

'거울아, 거울아!'로 대표되는
심신 허약자와 의지가 약한 사람은
자신의 용기 부족과
신념 부족, 믿음 부족을
부인 탓으로
남편 탓으로 돌리며
남편 뒤로, 아내 뒤로 숨는 것을 뜻합니다.

사실은 남편과 부인이
내 발목을 잡고 있는 것이 아니며
내가 남편과 부인을 핑계로
그 일에 대한 신념 부족, 믿음 부족을
나타내고 있는 것입니다.

남편의 밥상 또한 마찬가지여서
좋은 핑계거리 또는
좋은 명분으로 내세우고 있을 뿐
실제로는 어떤 일을 추진하는데
용기와 추진력, 의지가 약할 때
가화만사성家和萬事成 뒤로 숨어버리는 것입니다.

의식이 깨어나지 못하고
의지가 약한 빛의 일꾼이
'거울아 거울아'를 핑계로
수없이 무너져 버렸으며

남편의 밥상을 차려주기 위해
수많은 낭만적 영성인이 떠나갔습니다.
그들이 가장 쉽게 빼어들 수 있는
명분 있는 카드가 바로
가족을 앞세우는 '거울아 거울아' 또는
'가족의 밥상'으로 나타나고 있습니다.

낭만적 영성인과
의지가 깨어나지 못한 빛의 일꾼에게
핑계와 명분을 찾는 사람에게
하늘의 소리를 전합니다.
이 우주에서 아무것도 잘못되는 것은 없습니다.
누구도 대신해 줄 수 없는
당신의 자유의지는 오직 당신만이
바꿀 수 있을 뿐입니다.

가던 길 가고 오던 길 오면 되는 것입니다.
하늘과 당신의 상위자아는
오직 당신의 마음 한 자락에
이 우주의 사랑을 담아
빛을 비출 뿐입니다.

5부
빛과 어둠의 영적 전쟁

빛과 어둠의 영적 전쟁이란?

작은 빛은 더 밝은 빛으로
통합될 수밖에 없으며
밝은 빛은 어두운 곳을 밝히는 동시에
주변의 빛을 더 밝게 빛나게 해주는
역할이 있습니다.
빛은 빛으로 하나가 되며
세상을 더 밝은 빛으로 확장하는데
그 역할과 사명이 있는 것입니다.

빛은 빛을 알아볼 수 있으며
빛은 빛을 보면 기쁘고 즐겁고
서로를 위해 기도할 줄 아는 사람입니다.
빛은 스스로 빛이라 말할 필요가 없으며
빛은 스스로 때가 되면 드러나고
빛은 스스로 때가 되면 사라지니
빛은 시작도 없고 끝도 없는
우주의 호흡 속에 있는 생명과도 같나니
가슴 속에 빛을 품은 자여
그 빛을 드러내 세상을 밝힐
시절인연이 도래하였도다!
돌아오는 길목마다
큰 빛을 밝혀 두었나니

귀 있는 자는 들을 것이고
눈 있는 자는 볼 것이라!

세상의 눈높이에 자신의 의식을 두고
자신이 경험한 세상의 지식으로
세상과 타인을 평가하며
자신이 믿고 있는 신념의 세계로
자신이 그렇게 믿고 싶어하는 마음으로
자신이 옳다고 믿고 싶어하는 마음대로
세상의 모든 것을
옳고 그름의 방식으로 재단하고 평가하는 데
익숙한 사람이 너무 많습니다.

빛과 어둠의 전쟁이란
총과 칼을 들고 싸우는 3차원의
물리적 대결이 아닙니다.
서로가 옳다고 믿고 싶은 신념과
신념끼리의 충돌이자 대립을 말합니다.

낡은 것을 지키고 싶고
기존의 가치관과 세계를 자신도 모르게 지지하고
그 세계에 갇혀
새로운 것을 받아들이는 데 두려워하며
저항하는 사람을
물질의 매트릭스에 갇혀있다고

어둠의 매트릭스에 갇혀있다고 말합니다.

빛과 어둠의 전쟁이란 이렇게
각자의 내면에서
자신의 의식수준에서
치열한 삶의 현장에서 일어나고 있으며
여러분은 승리와 패배를 거듭하고 있으며
오늘은 빛의 전사로
내일은 어둠의 전사로
서로의 입장을 바꿔가며
싸우고 있는 것입니다.

빛은 오래되고 낡은 것을 무너뜨리고
새로운 것을 창조해내며
새로운 해석을 통해
창조의 힘과 파괴의 힘을
동시에 가지고 있습니다.

어둠은 기존의 질서와
가치 세계 속에 있으면서
그것을 지키고
그것을 유지하기 위해
변화를 거부하고
기득권을 지키고
모두의 이익보다는 소수의 이익을 위해

봉사하는 의식을 가진 사람을 말합니다.

서로의 가치를 지켜내기 위해
서로가 믿고 있는 세계가 옳다고 믿는
신념과 신념이 충돌하는
총성없이 치르는
보이지 않는 전쟁이 시작되었습니다.

영적 전쟁의 양상

다가올 경제공황과 자연재해는
3차원 물질문명의 붕괴를 앞당길 것이며
빛과 어둠의 영적 전쟁은
자신의 내면에서 먼저 시작될 것이며
양 진영 간의 옳고 그름의 치열한 싸움은
외부로 확산될 것입니다.

물질적 가치 속에서
3차원의 옳고 그름의
가치기준에서 태동된 생각과
자신의 생각과 다른 데에서 오는 이질감이
정의감으로 무장되어 행동하는데
주저함이 없게 만들 것입니다.

오직 내면에서 울리는 소리와
보이지는 않고 들리지는 않지만
하늘에 대한 믿음 하나로
힘들고 외롭고 어렵게 가야하는
빛과 어둠의 영적 전쟁은
늘 어둠의 방식이 일방적으로
승리하는 것처럼 보일 것이고
그들은 믿음보다는 정의의 이름으로
사이비라는 말을 앞세울 것이며

실체가 없는 부풀려진 풍문으로
흔들리는 마음을 더 흔들려 할 것입니다.

자신과 다른 생각이나 관념을 가진 사람을
어떻게 수용하고 어떻게 다루는가에 따라
빛의 방식과 어둠의 방식은 결정될 것입니다.
빛의 방식은 빛의 방식으로 갈 것이며
어둠은 자연스럽게 어둠의 방식으로 갈 것입니다.

빛과 어둠이 통합되는 날까지
하강하는 영혼끼리 자기 진영이 더 옳다는
치열한 싸움이 일어날 것이며
기득권을 가진 집단과 집단끼리
내부에서 누가 더 옳은 것인가를 두고
치열한 빛과 어둠의 싸움 또한 시작될 것입니다.

싸우고, 싸우고 또 싸우는 영적 전쟁이
사회의 모든 분야에서 일어날 것이며
경제상황이 어려워짐에 따라
그 속도와 규모는 더 가속화될 것입니다.

이 과정에서 빛의 길을 가는 일꾼은
매우 소수가 될 것이며
바른 소리를 하다가 궁지에 몰리게 될 것이며
자리에서 쫓겨나게 될 것이며

그런 과정을 통해서
빛은 빛으로 통합될 것이고
어둠은 어둠으로 그 위세를 더해 갈 것입니다.

동트기 전, 짙은 새벽 여명의 안개 속에
빛과 어둠의 영적인 전쟁이 시작되고 있습니다.
이해가 잘못되어서 생기는 오해가 바로 잡힐 때까지
그 싸움은 지속될 것이며
그 싸움이 부질없음을 서로가 알 때까지
그 싸움은 계속될 것이며
광자대photon belt와 자연의 변화가 가속화되어

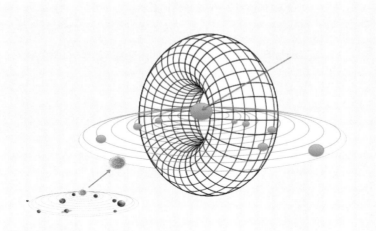

광자대(Photon Belt)

알키온 중앙태양을 중심으로 하는 도넛 모양의 빛의 고밀도 구역. 광자대를 통과하는 동안 인체의 DNA구조, 차크라 체계, 세포 진동수 등의 변화와 함께 인류의 의식이 각성되면서 지구 차원상승을 돕는 것으로 알려져 있습니다. 지구는 2012년 12월 22일부터 광자대에 진입하여 빛이 유입되고 있으며 시간이 지남에 따라 유입되는 빛의 진동수가 점점 상승하고 있습니다.

문명에 충격이 가해질 때까지
누가 더 옳은 것인가를 두고
치열한 싸움이 있을 것입니다.

물질의 힘을 믿고, 의지하고
물질이 주는 편안함을 쫓는 사람과
돈 안 되는 진리를 쫓고
하늘에 대한 믿음을 지키려고 애쓰는 사람으로
자연스럽게 나누어질 것이며
자신의 내면에서 일어나는
빛과 어둠의 치열한 싸움에서 승리한 사람만이
홀로 빛 속에 머물 것입니다.

하늘은 하늘이 스스로 정한 길을 갈 뿐입니다.

경제공황과 영적 전쟁의 본게임

물질적 토대 위에서
모든 정신문화가 꽃을 피우고 있습니다.
자본주의의 물질적 토대 위에서
신용화폐라는 돈(화폐)을 기반으로
지구촌 경제가 순환하고 있으며
확장되고 있습니다.

자본주의의 물질적 토대 위에서
모든 종교가 활동하고 있으며
모든 가치와 신념이 충돌하면서도
공존하고 있습니다.
모든 학문과 예술과 철학이
그 영향권에 있으며
각종 스포츠와 영화와 신문과 방송과 언론이
그 꽃을 피우고 있습니다.
풍요로운 먹거리와 편리한 문명생활이
편리하고 편안한 것이 좋은 것이라는
풍요의 가치 속에 살고 있습니다.

어둠은 지금처럼 풍요의 시대에는
드러나지 않은 채
자신의 본래의 모습을 감추고

위장 속에
속임수 위에
양적인 팽창 속에서 자신을 감추고
위장하는 데 익숙합니다.
법 속에 숨어 있으며
명분 뒤에 숨어 있으며
민주주의 뒤에 숨어 있으며
자유와 인권 뒤에 숨어 있으며
양심 뒤에 숨어 있으며
자유와 자유의지 뒤에 숨어 있으면서
베일의 장막 뒤에서 어둠의 꽃을
그들만의 잔치와 리그를 즐기는 데
아무 불편함이 없습니다.

빛 또한 이처럼 풍요로운 시기에는
바보온달처럼 봉인*이 돼 있으며
쪼그라질 대로 쪼그라져 있어
형태조차 알아볼 수 없으며
겨우 그 명맥만을 유지하고 있을 뿐입니다.
물질의 가치에 밀려나
뒷방이나 골방에서조차 밀려나
역사 속으로 사라지고 있습니다.
빛은 지금은 숨을 죽이고
기가 죽고 풀이 죽어
겨우 명맥을 유지하고 있을 뿐입니다.

봉인(封印)

'밀봉하여 도장을 찍는 다'는 뜻으로 하늘이 인간의 능력과 에너지를 축소·제한하는 것. 그 능력을 사용할 때가 되면 상위자아와 천상정부의 합의 하에 봉인을 해제하게 되며 그때부터 그 사람(영혼)의 본모습이 드러나게 됨.

빛 또한 그때가 오기만을 기다리고
기다리고 있을 뿐입니다.

지금은 어둠의 시대가 아직 본격적으로
시작되지 않은 위장의 시대입니다.
어둠은 물질의 풍요 속에서 맹활약하고
우리의 모든 것을
압박하고 숨통을 조여 오고 있으며
우리의 정신을 좀먹고 있지만
우리는 어둠을
편리와 자유 속에 존재하는
작은 모순 정도로만 여기고 있을 뿐입니다.
이제 어둠의 베일이 벗겨지고
어둠이 지금처럼 간접적인
그림자 정부의 형태가 아니라
직접적인 지배의 방식으로 전환을 앞두고
마지막 리허설까지 끝마친 상태입니다.

이제 그 무대의 설치가 완료되었고
그 무대 위에서 연극을 할 배우들이
이미 준비되었으며
그 역할이 각자에게 통보되고 있는
타임라인에 들어와 있습니다.

빛과 어둠의 두 진영에서 벌이는

치열한 영적 전쟁이 이미
우리의 내면에서는 시작되었고
큰 무대가 현실로 드러나는
시기가 도래하고 있습니다.
그 무대는 빛과 어둠의 영적 전쟁이며
빛과 어둠이 통합할 수밖에 없는 빅 이벤트이며
지구의 대격변과 함께 시작될 것입니다.

그때가 지금 준비되고 있으며
무대 위로 드러날 준비가 되었으며
어둠의 진영에서는 이미 먼저 깨어나
그 시작을 기다리고 있습니다.
그 시작은
귀 있는 자는 이미 들어서 알고 있으며
눈 있는 자는 스스로 눈으로
확인하는 일밖에 남지 않았음을
알고 있을 뿐입니다.

그렇게 될 것이며
그렇게 되었습니다.

종교의 붕괴

어둠으로 대표되는 것은
바로 종교입니다.
종교의 붕괴가 어둠의 붕괴를 의미하며
어둠의 붕괴 뒤에
새로운 어둠, 진짜 어둠의 출현이
준비되고 있습니다.

종교로 대표되는 어둠은
서로 간에
시대 간에
전체 그림을 보지 못하는 데서
이해가 잘못돼서 생기는
오해나 조작에서 비롯되었으며
종교의 붕괴 뒤에
새로운 의식이 태동하게 될 것입니다.

**종교의 붕괴 없이
빛과 어둠의 통합은 이뤄질 수 없으며
빛과 어둠의 치열한 전쟁터는
기존 종교의 입장에 있는 사람과
새로운 의식을 가진 사람과의
치열한 싸움이 될 것입니다.**

종교는 모든 가치의 중심에 있으며
종교의 경전 속에 있는 오염된 것을 바로잡고
하늘의 소리를 전하는
새로운 선지자에 의해
새로운 5차원 의식이 지구에 종교를 대신해
소개될 것이고
그 역할자가 빛의 일꾼이며
문명의 종결자인 것입니다.

영성인으로 대표되는 사람이
스스로 어둠의 역할자로 활동할 것이며
종교인이 붕괴되는 종교를 보며
극도의 혼란과 멘붕의 시기가 올 것입니다.
모든 것이 자체 모순에 의해 붕괴될 것이며
그 모순을 바로 보고
바로 잡고자 하는 내부의 반란이
속출할 것입니다.

가장 당황하는 사람이 바로
낭만적인 영성인이 될 것이며
그들은 쭉정이로 분류될 사람들입니다.
자신의 의식수준에서의 오만과
자신의 의식각성이 대단한 것처럼
과장하고 확장해서
자만과 교만이 가득한 사람의 절망과 분노가

통곡 소리와 함께 땅에 가득찰 것입니다.

가장 강력한 종교의 매트릭스가 붕괴할 만큼
강력한 사회적인 충격이 올 것이며
전 지구 차원의 다양한 변화 역시
인간의 상상력을 넘을 것이며
인류 역사상 한 번도 경험하지 못한
광자대의 영향 또한 준비되고 있습니다.

설마 하는 마음으로
커피 한 잔 하는 여유로
아직도 하늘을 논하고 진리를 논하고 있는
영성인과 종교인의 통곡 소리가
땅에 핏물과 함께 가득찰 것이라!

하늘 법에 인연이 있는 자
하늘 법에 들 것이며
귀한 인연이 있는 자
귀하게 쓰이게 될 것입니다.
지금은 그런 때이며
태풍 전야의 고요함과 풍요로움이
사치와 향락을 더할 때입니다.

영적 마스터의 시대가 열리다

지구의 자연변화는
물질문명의 붕괴를 일으키는 원인입니다.
자연변화의 실제 원인은
광자대의 영향 때문입니다.
지금은 광자 에너지의 집적이
가속화되는 시기입니다.
광자 에너지가 지구에 있는
삼라만상에 축적되었다가
어떤 임계점에 이르게 되면 순차적으로
자연의 변화로 나타날 것입니다.

지구 정신문명의 정점에는 종교가 있으며
종교의 붕괴를 위해 준비한
내부적인 요인과 외부적인 요인 모두가
준비되어 있습니다.
외부적인 요인으로 가장 강력한 것은
대규모 재난이겠지만
이것 못지않게 대규모의 환란이
영적 마스터에 의해 준비되고 있습니다.

영적 마스터란
하늘에 의해 250만 년 전부터 준비된 계획이며

빛의 일꾼 144,000 계획 속의 일부입니다.

영적 마스터란
144명의 마스터를 말하며
빛의 마스터 72명, 어둠의 마스터 72명이
인류에게 한 번도 경험하지 못한
신비롭고 기이하고 상상할 수도 없는
이적과 기적을 쏟아낼 것입니다.

어둠의 마스터는
기※ 차크라를 열게 될 것이며
4차원 영계✤의 힘을 사용하게 될 것이며
인류는 4차원 영계의 위력에
압도당할 것입니다.
이들은 4차원 흑마술로
많은 대중을 미혹할 것이고
부귀와 명예를 얻을 것입니다.

그들은 창조주께서
허락하신 권능을 사용할 것이며
그것이 어둠의 마스터의 역할이며
인류를 보이지 않는 세계로 안내하고
보이지 않는 세계의 허망함을 느끼게 해 줄
어둠의 역할자입니다.
어둠의 마스터 일부는

4차원 영계
진동수(파장)에 따라
12단계로 구분하고 있음.

5부

겉으로 드러나지 않으며
그들은 숨어서
자신의 역할을 마치는 대로
빛의 진영으로 합류할 것입니다.
어둠의 마스터는 역할이 끝나면
빛으로 통합이 이루어지면서
빛의 역할을 수행할 예정입니다.

어둠의 마스터는 빛의 마스터보다 일찍 깨어나
빛의 마스터의 길을 열어줄 것이며
앞에서 온갖 악역을 대행해 줄
악역전문 배역입니다.
어둠의 마스터의 희생으로
잠들어 있던 인류의 의식이 깨어나면서
본격적인 빛의 마스터의 활동이 시작될 것입니다.

처음에는 빛의 마스터의 능력은
어둠의 마스터의 30% 정도에 불과하지만
때가 되면 어둠의 마스터의 능력이
빛의 마스터의 15% 정도로
상황은 반전될 것입니다.

모든 것은 하늘의 완전한 통제
속에서 이루어질 것이며
마스터의 시대를 인류가 체험하면서

인류의 의식각성이 이루어질 것이며
보이지 않는 세계의 질서와
우주의 원리를 공부하게 될 것입니다.
이 과정을 통해 빛의 일꾼을 중심으로
빛과 어둠의 통합을 이루게 될 것입니다.

빛과 어둠의 통합이란
옳고 그름이 없는 우주의 질서를 의미하며
모두가 하나의 의식으로 되어 있다는
우주의 전체의식으로 나아가는 것을 말합니다.
이 우주에서 잘못되는 것은
아무것도 없습니다.
모두가 배움의 과정이자
축복의 시간이자
서로에게 봉사의 시간이었음을
우리 모두는 깨닫게 될 것입니다.

그렇게 될 것이며
그렇게 되었으며
그렇게 될 것입니다.

빛과 어둠의 마스터들의 활약과 통합

흑마술

일반적으로 4차원의 특수 능력을 '흑마술' 또는 '어둠의 신통력'으로 부름. 인과법에 따라 대가를 치루게 되어 고통받게 되는데, 티벳의 성자로 불리는 미라레파가 살생을 위해 썼던 것이 흑마술이었음.

지구 타임라인에 따라
어둠의 마스터가 깨어나 활동을 시작할 것이며
그때가 바로 당신이
이 글을 읽고 있는 지금입니다.

어둠의 마스터는 4차원의 흑마술⁺에
에너지의 기원을 두고 있으며
기 차크라를 열 것이며
12 차크라를 연다고 하지만
실제로는 12 차크라 중 일부만이 열릴 것입니다.

그들을 돕고자 천상정부 소속
귀신 선생들과 어둠의 천사들이 배속되어
힘과 능력을 부여하게 될 것입니다.

어둠의 마스터는 유체이탈을 통한
시공간 초월, 타심통, 천이통, 치유능력,
장풍, 삼생(전생, 현생, 미래)을 보는 미리 보기,
홀로그램(영상), 하늘과의 채널,
각종 초능력 발휘, 영계의 방문 등
인간이 상상할 수 없는 영적 능력을
발휘하게 될 것입니다.

어둠의 마스터의 활동이 시작되면서
어둠의 일꾼의 맹활약이 시작될 것입니다.

그들은 세계 각지에서
거짓 예언자
거짓 선지자로 등장할 것이며
거짓 예수
거짓 부처
거짓 마호메트
역사상에 살다간 수많은 성인을 자칭하며
혼돈의 역사가 시작될 것입니다.

인류 문화상 가장 화려한 거짓 선지자나
거짓 예언자의 시대가 시작되는 것이며
진짜를 분별하기 위한
가짜의 전성시대가 펼쳐지는 것입니다.
우리 모두가 의식의 깨어남의 축제이자,
또한 악몽의 시간이 될 것입니다.

어둠의 마스터는
그 능력이 길어야 1년을 가지 않지만
빛의 마스터는
처음에는 능력이 두드러지지 않지만
시간이 갈수록
어둠의 마스터가 따라올 수도 없으며

비교할 수도 없을 만큼 능력이 증가될 것입니다.

빛과 어둠의 영적인 전쟁을 치르면서
인류는 빛과 어둠의 특성을 알게 될 것이며
어디로 자신의 입장을 취할 것인지
자연스럽게 스스로 내면에서 결정할 것입니다.

빛의 일꾼 중심으로
어둠의 마스터 중심으로
영적인 각성이 일어나면서
빛과 어둠의 통합이 이루어질 것입니다.
이것을 위해 천상정부의 모든 천사들이
긴장 속에 모든 준비를 끝내고
흥미진진하게 관찰하고 있으며
천상정부의 완전한 통제 속에서
빛과 어둠의 통합이 완성될 것이며
빛의 일꾼 144,000명이
하나의 의식으로 통합될 것입니다.

이 과정을 겪으면서
인류의 의식 또한 상승하게 될 것이며
상승하는 영혼의 축제인
지구의 차원상승 프로그램이 준비되어 있습니다.

문명의 종결과 예수님의 재림

경제적 공황과 세계적인 자연재해
어둠의 마스터들의 활약과
거짓 선지자들의 맹활약 덕분에
종교의 기반이 흔들리면서
우주의 진리가
일반 대중에게 알려지게 될 것입니다.

혼돈 속에서
끝이 보이지 않는 어둠 속에서
빛을 그리워하는 이들이 생겨날 것이고
그들을 중심으로
새 세상에 대한 열망과 비전이
하늘로부터 주어질 것입니다.

짙은 어둠을 경험한 뒤에야
빛은 그 모습을 드러내기 시작할 것이며
빛의 시대를 열 준비를 할 것입니다.
새로운 세상에 대한 열망이
절망 속에서 일어날 때
예수님의 우주적 신분이 드러날 것이며
새로운 우주적 시각과 관점을 가진
수많은 빛의 일꾼이 그 역할을 수행할 것입니다.

새로운 세상에 대한 열망은
붕괴되고 아무것도 남지 않는
물질문명의 폐허 위에서
정신문명의 싹이 나올 것이며
새로운 희망을 이야기할 때
예수님의 재림이 있을 예정입니다.

모든 종교가 붕괴된 그 자리에
우주의 진리가
새로운 보편적인 5차원 정신문명의 싹이
뿌리내리기 시작할 것입니다.
그것을 위해 준비된 인종이
호모 아라핫투스이며
이들이 주도하는 새로운 문화의 흐름이
준비되고 있습니다.

그 과정에 인류가 겪어야 할 많은 사연들과
가슴아픈 이별들은
천지를 진동하게 할 것이고
그 슬픔으로 피눈물이 강물을 이룰 것입니다.
구질서의 붕괴 없이
새로운 세계는 결코 오지 않습니다.

구질서의 붕괴는
3가지 분야에서 동시적으로 발생할 것입니다.

- 광자대 영향으로 인한 자연의 대격변
- 경제대공황과 자본주의 붕괴 – 식량화폐의 시대 도래
- 종교의 붕괴 – 빛과 어둠의 마스터들의 시대 도래

혼란이 끝나고 새로운 시작을 알리는 그때
예수님의 재림 사건이 있을 것입니다.

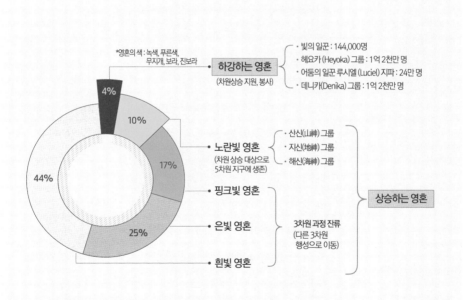

*영혼의색 : 녹색, 푸른색,
무지개, 보라, 진보라

하강하는 영혼
(차원상승 지원, 봉사)

- 빛의 일꾼 : 144,000명
- 헤요카(Heyoka) 그룹 : 1억 2천만 명
- 어둠의 일꾼 루시엘(Luciel) 지파 : 24만 명
- 데니카(Denika) 그룹 : 1억 2천만 명

4%

10%

17%

44%

25%

노란빛 영혼
(차원 상승 대상으로
5차원 지구에 생존)

- 산신(山神) 그룹
- 지신(地神) 그룹
- 해신(海神) 그룹

핑크빛 영혼

은빛 영혼

3차원 과정 잔류
(다른 3차원
행성으로 이동)

상승하는 영혼

흰빛 영혼

상승하는 영혼과 하강하는 영혼의 구성 비율

상승하는 영혼은 흰빛→은빛→핑크빛→노란빛의 과정을 거치면서 3차원 지구를 졸업함.

내면의 영적 전쟁과 키질

키질

알곡과 쭉정이를 가려내
어 까부르는 것

우데카의 글을 읽고
보이지 않는 세계를 믿고
내 자유의지로 물질의 유혹을 떨쳐 버리고
싫은 소리를 들으면서까지 한마음으로 갈 것인가?

가정의 평화를 유지하면서
남는 시간에 취미생활을 하듯 여유를 가지고
더 좋은 곳, 더 확실하게 보여 주는 곳
속지 않을 만큼 확실한 징조가 나타나고
변화의 징조가 더 뚜렷해질 때까지
더 신중하게 생각하며
조심스럽게 갈 것인가를 두고 고민하는 것이
이 글을 읽고 있는 독자의 공통된 생각일 것입니다.

보이지 않는 빛과 어둠의 전쟁이란
나 자신의 내면에서
내 마음에서부터 시작되는 것입니다.
보이지 않는 믿음의 세계를 대하는 마음의 자세와
보이지도 들리지도 않는 세계 속에 있는 하늘을
어떻게 믿고 어떻게 갈 것인가에 대한
근본적인 질문이 먼저
우리 내부에서부터 시작되어야 하는 것입니다.
내 생각의 바탕이 바로 서 있고

내 믿음의 중심축이 바로 서있을 때
우리는 영적 독립을 말할 수 있으며
의식각성이 이루어질 수 있는
마음의 체體가 형성되었다고 할 수 있는 것입니다.

「빛의 생명나무」에서는
빛의 일꾼을 하기 위해
공부하는 것이며
인류 역사상 한 번도 없었던
상위자아와의 합일을 위해 차크라를 여는 것입니다.
이곳이 빛의 일꾼을 양성하는 곳이고
빛의 일꾼을 양성하기 위한 역할자로서
우데카가 있는 것이 믿음의 본질인 것이지요.

이별에도 도가 있으며,
믿음에도
마음공부에도 도가 있으니,
무엇이 잘못될 수 있겠습니까?
스스로 의미를 찾고
스스로 의미를 부여하고
각자의 의식수준 안에서 이루어지는 것이
믿음의 본질이자
하늘이 일하는 방식이 아니겠습니까?
빛의 길은 좁은 문이며
하늘문 또한 좁은 문입니다.

알곡과 쭉정이는 걸러져야 하며
하늘문을 여는 자는
혹독한 시험이 있어야 하는 것은
어쩌면 당연한 것이 아닌지요?

땅에서도 공짜가 없듯이
하늘 일에도 공짜가 없습니다.
시험이 없는
키질이 없는
빛의 일꾼의 길은 있을 수 없습니다.
이것은 세상의 이치이며 우주의 이치입니다.

흔들리는 당신의 마음을 향해
오늘도 열성적인 안티팬과
스스로 창조하는 부정성이 있을 것입니다.
'카더라' 통신을 조심하세요~!
키질을 위해 준비된 저격수는 이미
당신의 가족과 주변에
너무 많이 널려있음을 인지하십시오.

내 마음의 중심이 바로 서있다면
모든 것은 다 군더더기이고 사족일 뿐입니다.

빛의 일꾼과 키질의 의미

의미는 찾아지는 것이 아니라 부여되는 것임을
아는 사람은 지혜로운 사람입니다.

부정적인 마음이 일어나고
불만과 불신의 마음이 올라온다는 것은
사실 여부를 떠나 먼저
그 에너지에 반응하는 내가 있음을 발견하고
그런 나를 잘 관찰해 보십시오.

마음 한 자락의 의미는
내가 나에게 온 어떠한 무형의 에너지와
유형의 형상 속에 숨어 있는 에너지에
내가 어떤 의미를 부여하는가에 따라
내가 어떤 마음으로
내가 어떤 생각으로
의미를 부여하고 의미를 확장하고
의미를 신념으로 확장하여
행동으로 옮기는가에 따라
내 믿음과 행동이 창조되는 것입니다.

내가 의미를 부여하지 않는 한
당신에게는 아무 일도 일어나지 않지만
부정적인 소식이나 내용에 의미를 부여하고

의미를 재생산하고
의미를 믿음이나 신념으로 확대할 때에
나는 부정성에 힘을 실어준 것이고
그것을 창조하게 된 것입니다.

승화란 온갖 부정성에 의미를 부여하지 않으며
그 에너지에 반응하지 않고 초연해짐으로써
그 부정적인 에너지가 소멸하게 되는 것이며
부정적인 것을 긍정적인 것으로 창조할 때
사용하는 용어입니다.

빛의 일꾼은 하늘에서 뚝 떨어지지 않습니다.
빛의 일꾼은 수많은 시행착오를 겪으면서
아픔을 겪으면서
반복적인 교육을 통해
혹독한 훈련을 통해
우주적인 지식을 바탕으로 의식의 세계를 넓히고
자유의지에서 나오는 마음 한 자락으로
수많은 부정적인 에너지를
긍정의 에너지로 승화시키는 것이며
그 과정에서 빛의 일꾼이 만들어지는 것입니다.

빛의 일꾼이 가는 길목마다
당신이 흔들릴 때마다
물질의 매트릭스가 강하게 작용할 때마다

같이 공부하던 동료의 말 한마디에
마음이 상하는 그 틈새를 따라
이곳을 떠난 열성 팬의
부정적인 에너지에
흔들릴 때마다
가족이나 주변인의 인간관계 속에서
마음이 흔들리거나 상처를 받을 때마다
여러분을 떨어뜨리기 위해 배치되고 파견된
저격수가 즐비하게 있다는 것을 명심하시오.

이 글을 읽고 있는 사람이 빛의 전사라면
당신의 수준에서
당신의 취약점을 알고 있는 최고의 저격수가
당신 마음이 흔들릴 때마다 정조준하며
항시 대기하고 있음을 인지하시오.
수많은 저격수를 넘고 넘어서
당신은 우주에서 찬란히 빛나는
빛의 전사의 길로 갈 수 있을 것입니다.

저격수들에게는 늘
천사들과 하늘이 함께하고 있음을 명심하십시오.
이 모든 것은 당신을 시험하기 위해
하늘에서 저격수를 이용하여 실행하는 것이며
이것이 키질의 또 다른 의미입니다.

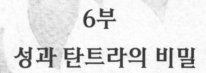

6부
성과 탄트라의 비밀

주나바라와 하나바라

세상의 문제는
남자와 여자의 문제로 압축해서 나타나는데
남자의 성에 대한 인식과
여자의 성에 대한 인식에는
많은 차이가 있습니다.
마음을 열지 못하는 상대에게
의식이 열리지 않은 여성이
남성의 속을 태우고
길들이기 위해 쓰는 방법 중에
'주나바라'의 방식이 있습니다.

옳고 그름의 관념이 강한 여성일수록
남성을 길들이는 방법 중의 하나로
자신을 지키는 방편과 보호하는 수단으로
자신의 건강 상태나
감정 상태의 일부분으로
그냥 이유 없이 싫고
관심이 없다는 이유로
이제 가족끼리는 그러는 거 아니라고
수많은 이유와 사연을 앞세우며
자신의 남편이나
자신의 애인에게
주나바라를 다짐하며

밤마다 실랑이를 벌이는 여성이 많습니다.

'주나바라'의 철학을 가진 여성들은
신념이 너무 강해서
어떠한 말로도 설득이 불가능하며
스스로 마음의 문을 열 때까지
'주나바라~ 주나바라~'를 경전을 암송하듯
독송을 하는 경지에 이른
대단하고도 고귀한 여성들이며
스스로 고독 속에 놓아두고서
소통을 거부하며
정치인이 칩거에 들어간 것처럼
명분이 있고 이유가 있으며
정당성을 스스로 확보한 사람입니다.

'주나바라~ 주나바라~'의 독송이 반복될수록
소통의 부재는 가속화되며
스스로 여성성을 지키는 최후의 수단이자
스스로 여성이기를 포기하는 것임을
스스로 너무나 잘 알기에
주나바라에 당하는 남성의 입장에서는
어찌할 수도 없으며
처분을 기다리는 심정으로
물러설 수밖에 없는 것입니다.

주나바라의 독송 소리에
'하나바라'로 응답하는 남성은 그나마
자기 살 길을 찾아가는 남성이며
속수무책으로 당하다가
스스로 포기를 하거나
유화책을 쓰면서 청소를 하고 빨래도 널고
설거지도 해주면서 적당히
타협하는 남성이 대부분입니다.

주나바라가 통하는 남성은
점차적으로 길들여져 가고 있는 중이며
남성을 통제하고
사랑을 통제하고
가슴을 통제하는 단계로 접어드는
수준 높은 단계로
여성의 진화가 시작되는 것입니다.

주나바라를 하나바라로
맞설 수 있는 남성은 많지 않으며
맞선다 할지라도 스스로 포기하고
스스로 살 길을 찾게 되는 것입니다.
여성 스스로
의식수준이 높다고 생각할수록
스스로 똑똑하다고 생각할수록
스스로 현명하다고 생각할수록

스스로 잘났다고 생각할수록
주나바라의 독송 소리가 커질 수밖에 없으며
그만큼 가슴 차크라가 닫히고 있다는 것을
모르고 있는 사람입니다.

열정이 식어 버린 애인과
오래된 부부 간에 발생하는
소통의 부재, 사랑의 부재를
'주나바라, 하나바라'의 방식으로는
아무것도 해결할 수 없다는 것을
우리 모두는 이미 알고 있습니다.
그러나 현실에서는 여전히
사랑의 부재 속에서
소통의 부재 속에서
외로워서 너무 외로워서
울지도 못하고 웃지도 못하고
가슴을 꼭 닫고
낡아빠진 '주나바라, 하나바라'를 독송하고 있는
그이와 그녀가 이곳에서
또 다른 그이와 그녀를 부러워하고 있습니다.

사랑은 판도라의 상자*를 열고

남자와 여자가 만나
사랑을 나눌 수 있는 단계로 발전한다는 것은
매우 어려운 일이며
사랑을 나누고 있는
그이와 그녀를 주변에서 보고 있다면
그것은 우주적인 사건이며
일어날 일이 일어나는 것이며
축복할 일이고
피할 수 없는 일임을 인지하고
아무 편견 없이 있는 그대로 보기 바랍니다.

인간이 가지고 있는 편견 중에
성에 대한 편견이 가장 지독하면서도
이중적인 가치 기준을 가지고 있습니다.
이 편견으로 인해 우리는
너무 많은 판단과 불필요한 오해를 생성하고
너무 많은 부정성의 에너지를
방출하고 있는 것 또한 사실입니다.

나이가 많은 여성일수록
남녀 간의 사랑을 바라보는 의식이
주나바라식의 의식이 강하며
젊은 여성일수록 소통과 교류라는

판도라의 상자
(Pandora's box)

6부

판도라가 열지 말라는 뚜껑을 열었더니 그 속에서 온갖 재앙과 재악이 뛰쳐나와 세상에 퍼지고, 상자 속에는 희망만이 남았다는 그리스 신화의 상자. 뜻밖의 재앙의 근원을 말하기도 함.

커뮤니티의 한 방편으로
인식하는 경향이 나타납니다.
사랑은 남녀가 에너지를 주고받는
소통의 일종이며
공짜가 없이 대가가 기다리고 있는 모험이며
무엇이 담겨 있는지 모르는
판도라의 상자를 여는 것과 같습니다.

그이와 그녀가 사랑을 할 때에는
사랑이라는 환상이 주는 달콤함과
육체와 육체가 만나면서 주는
감각적인 달콤함에 빠져
판도라의 상자를 인식하지 못하면서
감정체 에너지를 증폭시키고
'사랑해~ 사랑해요'를 외치면서
가슴 차크라를 활성화시켜 가면서
성적인 욕망을 확대하여
살맛나는 세상의 달콤함에 빠져듭니다.

살과 살이 만나는 사랑의 유효기간이
끝나갈 즈음
그이와 그녀가 만난 이유가 담긴
판도라의 상자에서
인연법과 카르마의 법칙이
하나둘씩 열리기 시작하면

이미 일은 벌어져 있는 상황이고
한 치 앞도 보이지 않는 현실이
눈앞에 있다는 것을 인식하게 됩니다.
이 때부터
여성은 주나바라의 의식이 태동하고
남성은 하나바라의 의식이 나타나게 되는 것입니다.

처음부터 그이와 그녀 앞에
판도라의 상자가 있다는 것을
알려 주는 사람은 아무도 없었으며
그이와 그녀는 아무것도 모르는 채
판도라의 상자를 열어버리고 만 것입니다.
사랑에 빠진 그이와 그녀를
부러움과 시기로 보는 사람이라면
아직 판도라의 상자를 기억하지 못하면서
막연하게 그이와 그녀의 사랑에만
육체적인 사랑에만 초점을 두어
부러워하기 때문에
우리는 남들이 하는 사랑에
너무 많은 관심과 에너지를 낭비하고 있습니다.

그이와 그녀가 서로 소통하고 성장하는
한 가운데에 성(性)이 있으며
살맛나는 세상이 거기 있으며
성을 대하는 자신의 의식수준에서

성에 대한 편견과 자유로운 입장이
결정되는 것입니다.
그이와 그녀는
그렇게 운명처럼 만날 수밖에 없으며
판도라의 상자가
그이와 그녀 앞에 놓여 있다는 것을 알기에
의식각성이 이루어진 사람은
그이와 그녀가 사랑을 시작하는 모습을 본다면
부러워할 필요도
시기할 필요도 없음 또한
이해할 것입니다.

그이와 그녀의 사랑은 늘
하늘에서 자신의 상위자아에 의해
치밀하게 준비되고 계획되어 진행한다는 것을
알고 있는 사람이라면
그이와 그녀가 만나는 사랑 또한
'아무것도 잘못되는 것은 없다'라는 것을
알게 될 것입니다.

남성의 성욕과 주나바라

건강한 몸을 가지고 있는 사람이라면
누구나 이성으로부터
성적인 욕망으로부터
자유로울 수 없습니다.
우리가 배가 고프면 밥을 먹듯이
성욕은 그렇게 자연스럽게 일어나는
신체적인 현상인 동시에
욕구이면서 욕망입니다.

남성의 성은 시각화에 의해
반응이 빨리 나타나는 특성이 있으며
남성이 가지고 있는 성적인 욕망에 대해
그것이 얼마나 강력하고 무서운 것인지
그것 때문에 얼마나 많은 남성이
그 에너지를 감당하지 못해 괴로워하고
심지어 죄의식을 느끼는지
알고 있는 여성은 많지 않습니다.

성적인 에너지는 한 번 밥을 먹었다고
다시 밥을 안 먹을 수 없듯이
한 번 욕망의 배설이 이루어졌다고
사라지는 것이 아닌
자신의 몸과 마음이 존재하는 한

끊임없이 올라오는 마음의 작용이자
욕구이자 욕망입니다.
남성이 성적인 욕망을 억제하고
성욕을 어떻게든 해결해 보려고 노력하며
보내는 시간이 어쩌면 일하는 시간보다
더 많은 사람도 있습니다.
그만큼 남성이 느끼고 있는 성욕은
본능적이면서 강력하고도
지속적인 것입니다.
이에 반해 여성이 가지고 있는 성욕은
프로그램된 측면이 강하고
그 시대의 사회 문화적인 영향을 많이 받습니다.

여성의 성문화는 근본적으로
남성의 성욕을 토대로 형성된 것입니다.
남성중심 사회에서
남성의 성적 욕망에 기초하여
철저하게 왜곡되고 굴절된
남성의 배설 욕구를 위해
남성중심 사회의 패권을 지속시키기 위해
온갖 가식과 위선의 종합선물 세트인 동시에
어둠의 속성을 가장 많이 가지고 있는
분야이기도 합니다.

의식이 각성될 즈음에는

성욕도 함께 증가하게 됩니다.

사고가 깊어지고

생각이 넓어지고

의식이 확장될 때에는

모든 만물이 아름답게 느껴지고

기분이 좋아지게 되며

가슴 차크라가 활성화됩니다.

기분이 좋아지고

세상이 내 것처럼 느껴지고

자신감이 충만해질 때

평소보다 더 깊은 감정과

의식의 상태가 시작될 때에는

반드시 성욕도 함께 발동되며

이런 남성의 욕망 메커니즘을 모르는 상태에서

여성은 주나바라로 맞서면서

서로의 에너지를 주고받을 수 있는

최적의 상태를 잃어버리고 마는 것입니다.

차크라 활성화와 성욕

가슴 차크라가 활성화될 때에
의식이 확장되고
가슴이 설레게 되고
마음을 바다처럼 넓게 쓰게 되고
세상 모든 것이 다 아름답게 보이고
친절한 사람이 되며
가슴이 넓은 사람이 됩니다.
이때에
남성과 여성은 모두 성욕을 느끼게 됩니다.
이때 두 사람이 나누는
남녀 간의 육체적인 사랑은
두 사람의 쿤달리니✤의 활성화를 가져오고
두 사람의 가슴 차크라를 활성화시켜
영적 각성의 중추인 송과체를 활성화시키며
의식각성을 높이는 작용을 합니다.
이런 순간을 평생에 한 번도 체험하지 못하며
살다가는 것이 우리의 삶이며
성생활의 실체입니다.

음주가무와 함께 기분은 좋아지고
예쁘고 멋진 이성을 만나면 기분이 좋아지고
음란물을 보면서 성적인 상상을 하게 되면

쿤달리니
산스크리트어로 '똘똘 감겨
진 것'이라는 뜻으로 뱀에
비유되며, 인간 생명의 근
원에너지로 회음 차크라에
잠재되어 있음.

우리 몸의 회음 차크라는 활성화됩니다.
이 회음 차크라 에너지가
가슴 차크라까지 올라가
가슴 차크라를 활성화시킬 수 없을 때는
가슴이 답답해지면서
회음 차크라만 활성화되는데
이것을 우리는 성욕이라고 합니다.

사랑하는 연인들끼리는
보고만 있어도 가슴이 뛰고
어떻게든 같이 있고 싶어 하는데
이때는 가슴이 답답하지 않고
오히려 가슴이 뛰고 손이 떨리고
먹지 않아도 배가 부르며
세상이 아름다워 보입니다.
그때가 바로
두 남녀가 사랑을 할 준비가 된 것이며
큐피드 화살❖이 작동되는 순간이며
가슴 차크라가 활성화되어 있는
흥분의 도가니 상태가 지속되는 시기이며
그이와 그녀가 사랑을 나눌 수밖에 없는
운명의 타임라인인 것입니다.

큐피드(Cupid) 화살

큐피드는 로마신화에서
사랑의 신이며 '이성간의
사랑'을 뜻함. 그리스 신
화에서는 '에로스(Eros)'라
고 함. 큐피드 화살을 맞
으면 인간이든 신이든 누
구나 사랑에 빠진다고 함.

가슴 차크라가 활성화될 때에는
우리 몸의 경락이 열리는 때이며

우리 몸의 진동수가 올라가는 시기이며
우리의 의식상태가 확장되는 시기이며
세 시간이 한 시간처럼 느껴지는 시기이며
우주적인 카르마가 작동되는 시기이며
우주의 시공간이 두 사람을 위해
축복하는 시간을 주는 것이며
이때에 서로의 살맛을 느끼면서
살맛나는 세상을 체험하는 것입니다.

가슴 차크라가 활성화되지 못하고
회음 차크라만이 활성화되는 성욕은
가슴이 답답해져
거친 호흡을 토해내기 위해
육체적인 사랑만을 할 수 밖에 없으며
여기에 수많은 조건과 거래가 끼어들고
수많은 성 에너지의 꼬임이 생겨나게 됩니다.

가슴 차크라의 활성화 없이 하는
남녀 간 사랑의 허무함을 아는 사람은
일찍 철이 든 사람입니다.
아직 성적인 환상이나 욕망을 쫓는 사람이 있다면
가슴 차크라가 활성화될 때
몸이 느끼는 그 상태를 기억하고
다시 체험하고 싶은 사람입니다.
서로의 가슴 차크라가 활성화된 상태에서

두 남녀가 만날 확률은
정상적인 부부관계에서보다는
비정상적인 남녀관계에서
더 높을 수밖에 없다는 것을
결혼생활을 해본 사람이라면 이해할 것입니다.

가슴이 답답해질 때 사람은
본능적으로 깊은 숨을 몰아쉬게 되며
성적 욕망이 나타나는 것입니다.
가슴 차크라가 활성화되어
사랑에 빠지거나 사랑이 충만해지면
스스로 자족의 상태에 이르게 됩니다.
남녀 간에 경험하는 진정한 살맛나는 세상은
이때 체험하게 되는 것입니다.

세월 속에 식어가는 사랑

남녀 간 성적인 문제나 갈등의 본질은
두 사람의 가슴 차크라가 활성화되는
타이밍이 맞지 않아서 발생합니다.
가슴 차크라가
두 사람이 연애를 할 때나
사랑하는 마음이 서로 간절할 때에는
굳이 타이밍을 맞추지 않더라도
자동으로 그 타이밍이 맞게 되어 있고
그렇게 작동되기에
사랑에 빠진 연애 기간이나
신혼 초에는 아무런 문제가 발생하지 않습니다.

시간이 지나면서
큐피드 화살이 약해지고
쓴 콩깍지가 벗겨지고
두 사람 사이의 인연법의
판도라의 상자가 열리면서
가슴 차크라가 활성화되는 시기가 어긋나는
때가 많아지면서
살맛나는 세상을 꿈꾸던 남녀 간의 사랑은
생기를 잃어가게 되고
서로에게 지쳐가게 되는 것입니다.

가슴 차크라가 활성화되지 않은 상태에서
관습적으로 남녀가 사랑을 나눌 때
두 사람은 예전과 다른
무언가 허전함을 느끼게 되고
살맛나는 세상을 다른 이성에게서 찾는
본능이 살아나기 시작합니다.
서로 가슴 차크라가 활성화되었을 때의
기억을 가지고 있기에
그 느낌 속으로
그 환상 속으로
그 역치閾値에 이르고자 하는
성적 욕망과
성적 환상이 서로를 힘들게 합니다.

자꾸만 **가슴 차크라가 아닌**
회음 차크라만이 작동하는
육체적 욕망을 풀어내기 위한
섹스를 하게 될 때
두 사람은 말할 수 없는
허무함과 공허함을 느끼게 됩니다.
이것을 직감적으로 느끼고
헤어질 때를 먼저 느끼는 것은
대부분 여성입니다.

사랑 없이 욕망을 채우기 위한 관계는

여성이 먼저 흥미를 잃어버리게 되고
소극적인 자세를 갖게 되고
귀차니즘에 빠지게 되고
감정체의 부정성이 올라오기 시작하면
주나바라~ 주나바라의 독송을 한 채
등살에 못 이겨 사랑을 나눠보지만
재미는 고사하고 역겨움만 더해 갑니다.
그러다가 등을 돌리고 자는
일상의 흔한 부부로 살게 되는 것입니다.

가슴 차크라가 아닌 회음 차크라의
성적인 욕망으로 하는 관계의 허무함을
여성은 본능적으로 금방 느끼고
남성은 그 욕망 자체의 해소를 위해
관계하는 시간이나 횟수 등에 집착하게 되며
나중에는 사랑 없는 관계로까지
욕망을 확장하게 되는 것입니다.

두 남녀의 육체적인 사랑에 있어
타이밍을 위해 상대방의 감정을 배려하고
나의 감정을 잘 조절하는
사랑의 기술이 필요한 시기는
의외로 두 사람 사이에 빨리 오게 됩니다.
배려와 인내가 필요한 시기에
두 사람은 주나바라와

하나바라의 자존심 싸움으로
두 관계가 급속도로 나빠지게 됩니다.
무늬만 부부로
무늬만 애인 관계로 형식적인 관계 속에서
다른 이성에게 눈을 돌리거나
이러지도 저러지도 못하는 관계 속에서
삶은 지쳐가고 있으며
우리의 삶은 또 한 매듭이 생겨나고
또 한 매듭을 위해
또 다른 사랑을 꿈꾸며
그렇게 그렇게
세월의 흐름 속에 늙어가는 것입니다.

가슴 차크라와 탄트라의 비밀

은하의 밤

행성의 역사에서 낮은
의식 상태로 두려움과
공포가 지배하고 자신이
빛임을 망각하는 영적인
암흑기, 어둠의 시기,
고난의 시기를 말함.

남성의 과잉된 성욕은
호모 사피엔스가 가지고 있는
구조적인 문제와 관련이 깊습니다.
휴머노이드형 중에 가장 최신 버전인
호모 사피엔스는 다차원 지구와
종자행성 지구를 프로그램하기 위해
은하의 밤﹡을 풍성하게 하기 위해
여성은 임신이 잘되게 설계되었으며
남성은 과잉된 성욕을 갖게 하였으며
그 에너지로 하여금
역사의 수레바퀴를 돌리게 하였습니다.
우주의 문제를 지구로 가져와서 해결하기 위해
남성의 성욕은 반드시 필요했습니다.

남성에게 매순간 일어나는 성욕은
누구에게는 삶의 재미이자 동력이며
누구에게는 삶의 전부이며
누구에게는 죄의식의 근원지이며
누구에게는 참고 견뎌야 하고
지속적인 인내가 필요해서
고문당하는 심정으로 살아야 하는 원인이 되며
누구에게는 매우 불편하고 거추장스러운

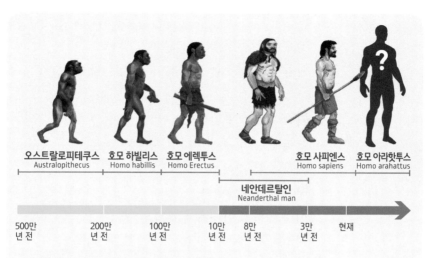

오스트랄로피테쿠스 Australopithecus · 호모 하빌리스 Homo habilis · 호모 에렉투스 Homo Erectus · 호모 사피엔스 Homo sapiens · 호모 아라핫투스 Homo arahattus

네안데르탈인 Neanderthal man

500만 년 전 · 200만 년 전 · 100만 년 전 · 10만 년 전 · 8만 년 전 · 3만 년 전 · 현재

인류의 진화과정과 호모 사피엔스(homo sapiens)

인류는 오스트랄로피테쿠스→호모 하빌리스→호모 에렉투스→네안데르탈인→호모 사피엔스로 진화하였습니다. 호모 사피엔스는 '슬기로운 사람'이라는 뜻의 현생인류의 모델명이나, 차원상승 시에는 뇌용량의 부족으로 인해 5차원 학문 펜타고닉스(pentagonics)를 수용할 수 없기 때문에, 새로운 호모 아라핫투스(homo arahattus) 인종으로 5차원 지구를 이끌어갈 예정입니다.

감정이라고 느낄 수도 있습니다.
남성도 가끔 회음 차크라가 아닌
가슴 차크라가 활성화될 때가 있으며
이때 이성과 사랑하고자 하는 욕구가
회음 차크라의 성욕과 함께 올라오는
경우가 있습니다.
주로 음주 상태와 비슷한 감정이
섞여 있는 경우가 많습니다.
음주를 하지 않아도 기분이 좋아지면서
마음이 넓어지고 평소보다 자신감이 넘쳐흐르고
긍정적인 마음과 감사하는 마음과 함께

성욕이라는 감정이 올라올 때가 바로
가슴 차크라가 활성화되는 시기입니다.

가슴 차크라가 활성화되면
우리 몸은 빛을 발산하기 시작하고
세상 모든 것이 다 아름다워 보이고
성욕이 일어납니다.
이런 변화를 감지하지 못하는
여성이 남성에게 평소 하던 대로
주나바라로 대응하게 되면
가슴 차크라가 곧 닫히게 되고
부정적인 에너지로 변화하면서
몸의 진동수는 급속도로 떨어지게 되고
의식의 확장을 가져올 수 있는 기회를
물거품으로 만들어 버리는 것입니다.

가슴 차크라가 활성화될 때
가슴 차크라가 활성화된
이성과 사랑이 이루어지면
두 사람의 가슴 차크라 에너지는
더 크게 활성화되며
뇌에 있는 송과선✷을 활성화시켜
몸의 진동수를 높이고
의식의 확장을 가져오는 데
많은 역할을 하게 됩니다.

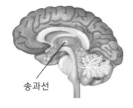

송과선

송과선(松科腺,
솔방울샘)
뇌 중앙부에 있는 콩알만
한 조직으로 솔방울같이
생겨서 송과선(니환궁泥丸
宮)이라고 불림. 제3의 눈
으로 천목(天目)을 연다는
것은 송과선을 깨우는 것
임.

가슴 차크라가 활성화된 남녀 간의 사랑은
의식의 각성을 가져오게 합니다.
남녀 간의 육체적인 사랑에서
가슴 차크라가 활성화되도록
기술적으로 유도하여
의식각성을 이루게 하는 것이
바로 탄트라 Tantra✤**의 비밀**이며
밀교密教의 형태로 은밀하게
전해질 수밖에 없었습니다.

남녀 간의 성행위를 통해
의식의 각성과 깨달음의 방편으로
사용할 수 있다는 이 믿음의 비밀이
바로 가슴 차크라에 있으며
탄트라의 비밀 역시 성과 관련한
기교와 기술들을 가지고
가슴 차크라를 활성화시키는 데 있는 것입니다.

6부

탄트라(Tantra)
7세기경 힌두교 내에서 베다의 브라마니즘에 반대하는 종파가 나타났는데, 탄트라는 그들의 신앙과 관련된 경전을 지칭함. 넓은 의미에서는 '성력(性力)'을 교의의 중심으로 하는 여러 종파의 경전을 총칭함. 불교에서는 '밀교(密敎)'라고 함. 그들 역시 해탈을 목표로 하지만 그에 이르는 방법에는 차이가 있음.

Crown Chakra	Spirituality
Third Eye Chakra	Awareness
Throat Chakra	Communication
Heart Chakra	Love, Healing
Solar Plexus Chakra	Wisdom, Power
Sacral Chakra	Sexuality, Creativity
Root Chakra	Basic Trust

가슴 차크라와 의식각성✦

의식 각성

차크라가 개통되면 가슴
차크라를 통해 우리의 영
(靈)이 거하는 심장으로 대
량의 빛이 유입되면서 의
식이 급속히 깨어남.

가슴 차크라의 활성화와 성욕은
밀접한 관계가 있으며
의식이 확장될 때에
의식각성이 이루어질 때는
가슴 차크라가 활성화될 때이며
이와 동시에 성욕이 증가합니다.
이것은 누구도 피해갈 수 없는 외길입니다.
예전의 수행 방법은 이럴 때일수록
성욕을 억제하며 금욕을 통해
극복하고 초월하고자 하는 방법이
최고라 믿었으며
우리 대부분은 그렇게 알고 있습니다.

가슴 차크라의 활성화와
인간의 성욕의 비밀을
알고 있었던 석가모니는
이 비밀을 대중화하기에는
그 당시 인류의 의식이 너무 낮았으며
성이 권력자와 남성에 의해
남용될 것을 우려하여
자신의 아들에게만 그 비밀을 은밀하게 전하였고
이것이 밀교의 시작이자

탄트라의 비밀인 것입니다.

가슴 차크라가 활성화될 때가
우리의 의식이 활성화될 때이며
만물과의 교감이 시작될 때이며
세상 모든 것이 아름답게 보일 때입니다.
먹고 살기 바쁜 일상생활 속에서
대중이 가슴 차크라가 활성화될 때는
생각보다 그리 많지 않습니다.

과하지 않은 술로 기분이 좋을 때
정말로 사랑하는 사람과 함께 있을 때
큐피드 화살의 영향으로
사랑하는 감정이 일어날 때
고맙고 감사하는 마음이 저절로 일어날 때
자연과 함께 교감하며
힘든 노동이 힘들지 않을 만큼
무념무상의 상태에 들어갈 때
그냥 신나며 그냥 기분이 좋을 때 등
이런 증상이 일어나는 때가
가슴 차크라가 활성화되는 때입니다.
이런 기분 좋은 시기는
오래 가지 않으며
반복적으로 나타나지 않으며
언제 어떻게 나타날지 모르는 채

걱정과 고민, 번뇌와 망상 속에서
조마조마한 마음으로 세상을 살고 있습니다.

기쁘고 좋은 시기에
그것도 자주 오지도 않고
언제 경험할지 모르는 것입니다.
가슴 차크라가 자연상태에서 열릴 때와
가슴 차크라가 자연스럽게 활성화될 때
이때 더 가슴 차크라를 활성화시킬 수 있는 것이
성적 욕망으로 나타나는 것입니다.
우리 인류는 성적인 욕망 앞에서
집단적으로 유죄 속에 죄의식을 키워왔으며
부끄러움과 감추고자 하는 의식과
무언가 감추려는 의식을 가지고 있으며
욕망을 억압하는 데에
더 많은 에너지를 실어주고 있습니다.

가슴 차크라가 활성화될 때의 성욕은
우리 몸의 진동수를 높이고
의식의 확장을 위해
우리 몸 스스로가 준비한 에너지
쿤달리니가 활성화되는 것이며
차크라가 활성화되고 있는 것입니다.

이때에 아무것도 모르는 우리는

금욕이나 억압의 방식으로

우리 몸이 애써 준비한 상승에너지 불씨에

찬물을 부어 꺼버리는 결과를 초래하면서

깨달음을 구하는 모순에 빠져 있는 것입니다.

가슴 차크라가 활성화될 때

가장 좋은 것은 함께

가슴 차크라가 활성화되어

사랑하는 사람끼리 사랑을 나누는 것입니다.

활성화된 가슴 차크라를

더 확장할 수 있도록

디크리*를 통해서 에너지를 집중하고

수행과 명상을 통해 에너지의 흐름을 알고

하심下心을 이룬 마음으로

이미지 형상화를 통해

12 차크라를 활성화시켜 보십시오.

디크리(decree)

주로 명상이나 기도를
할 때 외는 주문, 만트라
(mantra).

밝은 태양·밝은 미소·
밝은 마음

라파엘 그룹으로부터 받
은 「빛의 생명나무」의
유일한 공식 디크리.

탄트라는 신의 선물

인간이 가지고 있는 성적인 욕망과
성적인 환상은 엄청난 것이어서
그 무엇으로도 대체할 수 없을 만큼 강력하며
성에 대한 편견과 고정관념은
인간의 모순을 결정짓는
의식과 무의식, 잠재의식을 지배하는
요소로 작용하고 있습니다.

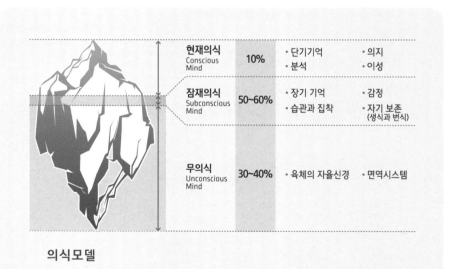

현재의식 Conscious Mind	10%	· 단기기억 · 분석	· 의지 · 이성	
잠재의식 Subconscious Mind	50~60%	· 장기 기억 · 습관과 집착	· 감정 · 자기 보존 (생식과 번식)	
무의식 Unconscious Mind	30~40%	· 육체의 자율신경	· 면역시스템	

의식모델

고단한 삶에 성은
인간이 쉴 수 있고 즐길 수 있으며
육신의 몸을 가진 인류가 누릴 수 있는

최고의 만족을 줄 수 있는 것입니다.
신의 선물로 성이 존재하는데
이것을 탄트라라고 합니다.

탄트라는 지금까지 알려진 것과는 달리
수행이나 노력으로
이루어질 수 있는 것이 아닙니다.
말 그대로 신이 주신 선물이며
이 선물은 자기 영혼의 애인그룹이나
탄트라를 프로그램하고 온 사람에 한해
그 선물의 혜택을 받을 수 있습니다.

일반인이 성행위를 통하여
탄트라를 체험할 수 있는 파트너를 만난다는 것은
1% 정도로 거의 불가능합니다.
정말로 온몸의 세포가 만족을 느끼고
가슴 차크라와 회음 차크라가 동시에 활성화되는
살맛나는 체험을 할 가능성은
거의 희박하다는 것을 말합니다.

탄트라가 지닌 성적인 만족은
파트너를 찾아다닌다고 되는 것이 아니며
명상과 수행을 해서 되는 것도 아니며
많은 파트너를 만나야 되는 것도 아니며
짝사랑하는 사람과의 관계 속에서

이루어질 수 있는 것도 아니며
정신적인 교감을 지닌 연인끼리라 할지라도
항상 탄트라를 체험하는 것은 아닙니다.
탄트라의 세계를 열 수 있는
이성간의 만남은 오직 신의 선물이며
두 사람 사이 천상의 프로그램이 작동될 때만이
가능하다는 것을 우데카가 전합니다.

탄트라를 체험하는 연인의 만족도를
기준으로 할 때
인류의 평균 성적인 만족도는 30%에 불과하며
무늬만 부부끼리의 성만족도는 10% 정도로
육체노동 수준의 만족도이며
그나마 말이 통하고
정신적인 교류가 있는 연인끼리는
50% 정도까지 느낄 수 있으며
영혼의 애인그룹의 성적인 만족도는
탄트라 수준까지는 아니어도
70% 정도로 높은 수준이며
일반적으로 연애기간 6개월 동안에
즉 큐피드의 화살을 동시에 맞고 있는
연인끼리의 만족도는 80%까지 상승하게 됩니다.

탄트라와 살맛나는 세상

살맛나는 세상을 경험해본 적이 있습니까?
이성 간에 살과 살이 만나서 느끼는
촉감을 말하는 것이 아닌
두 사람의 가슴 차크라가 동시에 활성화되며
환희에 가까운 쾌락을 느껴보지 못하거나
오르가즘 한 번 제대로 느껴보지 못한
사람이 안다고 할 수 있는 영역이 아닌
오직 경험한 사람만이 알 수 있고 느낄 수 있는
인간의 몸을 통해 체험할 수 있는
최고의 육체적 만족이 바로
탄트라의 세계입니다.

탄트라의 세계는 신의 선물인 동시에
하늘의 축복이 있는 연인만이 누릴 수 있으며
가슴 차크라의 세계이며
의식의 상승을 이루는 문이며
경험하지 못한 자가 논할 수 있는
논리와 비논리의 세계가 아닌
오직 몸으로만 느낄 수 있는 체험의 세계이며
진동수의 세계이며
결코 음란하거나 난잡하지 않고
자신의 의식의 확장을 가져오게 하며

같은 진동수를 가진 사람의 에너지 교환이며
에너지를 교류하고 분출하는 축복 세계입니다.

대부분의 인류는 성적인 만족의 기원이
회음 차크라와 단전 차크라에서 이루어지며
두 차크라의 에너지 일부만을 사용하면서
세포 하나하나가 공명하고
세포 하나하나가 느끼는
깊고 깊은 희열의 세계를 느끼지 못하고 오직
감각적 쾌락과 욕구와 욕망을
배설하는 정도로만 느끼는
육체적 노동에 가까운 만족을 느끼며
이것마저도 '주나바라와 하나바라'의 에고 속에
안타까운 시간만이 흘러가고 있을 뿐입니다.

빛의 일꾼과 하강하는 영혼은
탄트라의 세계를 체험하지 못하도록
프로그램되어 있습니다.
이들은 과거의 생에서
지배자의 삶을 살면서
수많은 성에 관한 카르마를
쌓은 경우가 대부분이며
이성에 대한 존중 없이 성을 남용하고
육체적인 만족만을 위해
성을 사용하였기 때문에

인연법에 의해 독신이나
무늬만 부부로
주나바라와 하나바라로 살 수 밖에 없게
프로그램되었으며
성적인 불만족으로 인해
살맛나는 세상을 느끼지 못하고 살면서
성적인 집착과 욕망이 왜곡되면서
일반인보다도 못한
심각한 성적인 불균형을 가지고 있으며
이것이 카르마와 인연법의 인과법에 있다는 것을
알지 못한 채
살고 있는 것입니다.

빛의 일꾼 중에 프로그램 상
탄트라의 세계를 체험하고
탄트라의 세계를 5차원 인류에게
안내하고 소개하고 교육하기 위해 준비된
탄트라 전문 일꾼이 있으며
이들을 통해 인류는 성에 대한
하늘의 이치를 배우게 될 것입니다

탄트라의 세계는
인간이 수련이나 노력으로
접근할 수 있는 세계가 아니며
하늘이 준 선물이며

하늘에 의해 준비된 연인만이
접근할 수 있는 영역이며
에너지 교류이며
육체와 정신이 하나가 되는 의식이며
감각적 쾌락을 말하는 것이 아닌
차크라가 활성화되는 차크라의 세계이며
인간의 몸을 가진 영혼의 체험 중
가장 진동수가 높은 체험인 것입니다.

성과 탄트라의 실험행성 ❖ 지구

지구라는 행성이 특별한 이유는
대우주의 6주기를 통과하면서 생긴
각 행성과 항성의 문제점과
우주의 모든 문제점을 한 곳에 모아놓고
해결의 실마리를 찾으려는
실험행성과 종자행성으로써의 성격을 갖고 있습니다.
새로운 7주기에 맞는
새로운 인종의 탄생과 적응을 위한
특별하고도 의미있는 행성입니다.

지구 행성에서 참으로 다양한
우주의 문제들을 실험하게 되는데
그 중에 성과 관련한 우주의 문제들 역시
다양하고도 폭넓게 실험하게 됩니다.
성적인 문제는
지구 행성만의 문제가 아니라
전 우주에서도 똑같이 일어나는 문제로
어떻게 해서든
해결의 실마리를 찾지 않으면
안되는 문제이기에
지구에서 성적인 충동이 강한
호모 사피엔스 인종을 통해

실험행성과 종자행성

대우주의 발전과정에서 파생된 숱한 모순과 문제들로 우주의 발전과 진화가 한계에 부딪히자 이를 극복할 수 있는 해결책(solution)을 찾기 위한 실험행성으로써 지구가 선정됨. 또한 대우주에는 지구와 비슷한 행성이 수없이 많은데, 그들의 미래 역시 지구행성의 실험결과에 따라 결정되기 때문에 지구는 행성진화의 한 모델(model) 즉, 종자행성으로써 중요한 의미를 갖기도 함. 따라서 지구의 성공적인 차원상승은 대우주와 수많은 행성의 발전과 진화 여부를 결정하는 우주적인 사건이며 창조주의 최대 관심사임.

실험되었던 것입니다.
성문제에 있어서 박람회나 전시회처럼
우주의 성문제를 총집결시켜,
다양성이 보장될 뿐만 아니라
온갖 위선과 거짓이 난무하는 가운데에서
다양한 성과 관련된 실험들이
진행되었던 것입니다.

세상의 범죄에는 여자와 돈이
개입되지 않을 수가 없다는 3차원적인 현실이
바로 성문제가 갖는 중요한 변수이며
사회적 배경과 물질적 토대가 바뀌면서
다양한 성문제를 실험하기 시작했으며
그에 대한 우주적 관점에서의 해결책 또한
성과를 내기 시작하였습니다.

인류가 가진 소유욕의 근원이 성에 있으며
인류의 차원상승과
전체의식으로의 복귀를 앞두고 있는 인류에게
마지막 남은 퍼즐 한 조각인
성과 관련한 상식과 편견의 저항이
앞으로 인류가 의식이 각성되는 데 있어서
가장 큰 걸림돌이 될 것이며
인류 스스로 가장 밑바닥에 남은
부정성을 다 퍼 올리고 끄집어내어

아주 투명하고 발가벗겨질 때까지
인류의 고통은 지속될 것입니다.
이를 위해 다양한 사회적 조건과
열악한 환경에서의
성적인 실험이 있었습니다.
모든 부정성의 근원에는
성과 관련된 무지와 편견이
자리잡고 있으며
성과 관련된 우주적 관점을
가지고 있지 못한 데에서 오는
분리의식이 자리잡고 있기 때문입니다.

성문제 역시 해결의 중심에는
분리의식의 극복 속에
전체의식으로의 복귀가 있으며
의식과 진동수와의 관계,
탄트라와 진동수와의 관계,
옳고 그름의 문제로 보는
성문제의 접근이 아닌
소통의 도구로써
에너지 교환으로써
신의 선물로써의 탄트라,
가슴 차크라와 탄트라,
같은 진동수 대역에서
근친상간이 갖는

우주에서의 문제점 극복과
백魄 에너지의 문제로 인한 장애인의 등장,
다양한 탄트라 유형의 실험,
일부일처제의 실험,
일부다처제의 실험,
동성애와 다양한 성적인 문제의 실험까지
인류의 의식으로는
상상할 수 없는
우주적 관점에서의 성과 관련된
모든 문제들을
지구에 펼쳐 놓았으며
그리고 그 해결점과 문제점을
모두 펼쳐놓게 되었던 것입니다.

호모 사피엔스의 과잉 성욕이 없었다면
3차원 물질문명은
존재할 수 없었으며
다양한 부정성을 실험할 수 없었기에
온갖 성과 관련된 실험이
호모 사피엔스를 통해
이루어졌던 것입니다.

이것이 지구에서
성문제를 보는 새로운 시각이며
해결의 실마리가 될 것입니다.

이 모든 것의 종결에
탄트라가 있는 것이며
인류의 의식각성이 이루어지면서
탄트라를 경험하는 인류가 늘어나면서
5차원 사회가 시작될 것입니다.

머리로는 다 알아요

몸을 쓰는 것만큼
생각을 행동으로 옮기는 만큼
두려움이 사라지는 만큼
지혜가 확장되는 만큼
의지가 행동으로 구체화되는 정도에 따라
공심으로 마음 쓰는 법을 배움에 따라
입을 닫고 손과 발을 쓰는 정도에 따라
잃는 것과 얻는 것을 계산하지 않는
마음 정도에 따라
타인을 배려하는
마음 쓰는 법을 아는 정도에 따라
인터넷 검색이나 세상에 공개된 지식이 갖는
명백한 한계를 깨우친 정도에 따라 이루어지며
의식은 깨어나는 것입니다.

어둠의 매트릭스를 가지고 온
빛의 일꾼 중 의식이 깨어나지 못한
사람이 가지고 있는 공통점은
몸 쓰는 법을 모르고
일하는 것, 노동에 대한
강한 두려움과 거부감이 있으며
몸이 너무 아프다는 공통점이 있습니다.

빛의 매트릭스를 가지고 온
빛의 일꾼 중
의식이 깨어나지 못한 사람의 공통점은
너무 무지하거나
에고가 너무 강하고
사회적 정의감(옳고 그름)이 너무 강해서
꼴통 수준의 '나잘난' 여사나
'나잘난' 사장이 너무 많다는 것입니다.

머리로는 다 알고 받아들이지만
몸으로 받아들이고 소화하는 데
너무나 많은 어려움을 겪는 사람이 있으며
머리로는 다 알지만
알량한 자존심을 지키기 위한
똥고집과 자만과 교만을 누르지 못하고
다 알면서 장고 끝에 악수를 두는 사람이
너무 많은 것이 현실입니다.

머리로는 다 알면서
몸을 쓰지 못하고
마음 쓰는 법을 제대로 익히지 못하고
행동하지 못하고
두려움 속에 자신을 포장하면서
안되는 줄 알면서
시행착오를 거듭하는 사람들과

변화가 오기 전에는
발가락 하나 움직이지 않으면서
눈으로 보기 전에는 믿지 않으면서
영성을 이야기하고
신을 이야기하고
우주를 입에 담는 사람을
'낭만적 영성인'이라고 합니다.

낭만적 영성인 중에서
의식이 깨어날 자는 많지 않으며
빛의 일꾼 또한 많지 않으며
알맹이보다는 쭉정이가 많은데
이들의 공통점은 머리로는 다 알지만
실천하지 않으며
자신의 지갑을 열지 않으며
자신의 마음의 문 또한 열지 않는다는
특징이 있습니다.

공부하는 과정에 있고
깨어나는 과정에 있는 낭만적인 영성인 중에서
이삭을 줍는 심정으로
이 글을 씁니다.

사랑과 자비와 연민의 방식은
머리로 하는 것이 아니라

따뜻한 마음으로
뽀송뽀송❖한 마음으로
오직 몸으로 하는 것입니다.
뻐꾸기가 온 몸으로 울듯이
빛의 일꾼 역시
온 몸으로 울고
온 몸으로 사랑을 실천하는 사람임을
명심하시기 바랍니다.

좁고 좁은 하늘문을 통과한 사람은
오직 몸을 쓰는 사람이며
몸속에 마음을 담는 사람임을
명심하시기 바랍니다.

뽀송뽀송

똑바로!
똘망똘망!
뽀송뽀송!
우데카팀의 3대 행동강령으로 '똑바로'는 진실과 본질을 알아채고 직시하라는 뜻이며, '똘망똘망'은 하나를 가르쳐주면 열을 알 수 있는 지혜로움을 상징하며, '뽀송뽀송'은 어둡고 끈적끈적한 것과 상반되는 의미로 밝고 순수하고 담백한 성정을 의미함.

몸을 쓴다는 것은

실천하지 않는 지식인이
무엇을 이룰 수 있겠습니까?
손에 물 묻히지 않고 살게 해주겠다는
그이의 약속이 얼마나 지켜지고 있는지요?
눈에 보이지 않는 세계의 공부를 하면서
물질세계의 기준으로
합리적 이성주의를 내세워 본들
무엇을 이룰 수 있겠는지요?

부자에게 자비를 원하고
부자에게 보이지 않는 세계를
아무리 말해 본들
그들에게 무엇을 바랄 수 있는지요?
몸을 쓰는 데 익숙하지 못하면서
지시하고 명령하고
주인과 하인의 세계를 가지고 있는
사장에게 사랑과 자비와 연민을
이야기해본들 무엇을 이룰 수 있겠는지요?

물질이 주는 풍요로움에
푹 빠져 있으면서
취미 삼아
재미 삼아

불안과 두려움에 수행과 명상을 해본들
하늘의 마음을
움직일 수 있다고 생각하는지요?

몸 쓰는 법을 배우지 못한 사람은
수평적인 리더십을 실천할 수 없으며
몸 쓰는 법을 배우지 못한 사람은
진정한 하심下心**의 의미를 알지 못함이며**
자만과 교만의 틀 속에서
자신과 에고를 만족시키는 삶을
벗어날 수 없을 것입니다.

몸을 쓴다는 것은
땀의 가치를 아는 사람이며
노동의 가치를 아는 사람이며
가장 낮은 곳에서도 편할 줄 아는
고귀한 영혼이며
너와 나의 분리의식을 없애고
하나의 의식으로 가는 사람이며
헛된 욕망으로부터
물질의 유혹으로부터
자유로워질 수 있는 사람입니다.
고생 없이 편하게 놀고 먹으면서
손에 물 한 방울 묻히지 않고
남이 해주는 밥을 먹으면서

남이 대신 해주는 편리함을 맘껏 누리면서
수행을 해본들
무엇을 이룰 수 있다고 생각합니까?
남에게 의존하는 삶을 살면서
영적인 자각이나 영적인 독립 없이
차곡차곡 쌓인 인터넷 상의 지식으로
당신은 무슨 만족과 깨달음을
얻을 수 있다고 생각하는지요?

당신은 정말 당신의 수고로운 노동 없이
남이 해주는 밥을 먹으면서
깨달음을 이룰 수 있다고 생각하는지요?
몸을 쓰는 노동의 가치를 모르는 사람에게
하늘이 그리 쉽게
깨달음의 세계를
허락한다고 믿고 있는지요?

몸을 쓰지 못하고
몸을 제대로 한 번 써 보지 못하는
직업적인 종교인에게 하늘의 뜻이
전해진다고 믿고 있는지요?

몸을 쓴다는 것은
나 자신을 낮추어
타인을 이롭게 하는 것이며

아무것도 바라지 않는
무심의 마음을 얻는 지름길이며
주인의 마음을 배우는 지름길입니다.
어느 곳에서도 막힘이 없고
어느 곳에서도 걸림이 없으며
누추한 곳에 있어도
가장 낮은 곳에 있어도
아무 불편함이 없어야
하늘 사람이 되는 지름길입니다.

몸을 쓰는 사람은
가슴을 나누고
사랑을 나눌 수 있는 사람이며
물질의 유혹을 넘어
빛과 어둠의 경계를 알 것이며
빛의 일꾼으로
깨달음으로 의식의 각성으로 가는
지름길이라는 것을 기억하십시오.

노동의 가치를 아는 사람만이
주인의 배움을 완성한 사람이며
타인을 수단이나 목적으로 대하지 않고
오직 수평적 관계 속에서
나와 타인이 분리되어 있지 않으며
전체의식 속에 함께 할 것입니다.

변화가 오기 전에는 손가락 하나 움직이기 싫어요

자신이 유능하다고 믿는 사람일수록
자신이 똑똑하다고 믿는 사람일수록
자신이 아는 지식이 많을수록
자신은 합리적인 사람이라고 생각하며
보이는 것만을 믿는 경향이 강하게 나타납니다.

보이지 않는 세계에 대한 호기심과 탐구심이
깨달음을 향한 열정과 구도의 실천으로
이어지는 사람은 매우 적으며
그들은 자신이 합리적이라 생각하는 사람으로부터
온갖 비난을 받고 있는 것이 현실입니다.
세상은 자신이 알고 있고
그렇게 믿고 싶어하는 지식에 의해서
언어의 감옥과 상식이라는 감옥 속에서
살고 있는 것입니다.

세상이 지금 이대로는 안된다고 믿으면서도
세상이 다 되었다고 생각하면서도
세상이 달라지길 바라면서도
세상에 희망이 없다는 것을 알면서도
낡은 패러다임 속에 안주하면서
새로운 세상을 향한 새로운 지식을
받아들이기는 거부하면서

우물 안에서 우물 안을 조금씩 더 넓혀서
세상을 보려는 사람들로 넘쳐나고 있습니다.

믿음의 세계는 보지 않고 믿는 것입니다.
보고나서야
변화가 오고나서야
그때서야 허둥지둥 갈 길을 찾으려 들 것이며
그때서야 발가락을 움직여
먹잇감을 구하는 짐승처럼 몰려드는 어리석음을
언제까지 반복하려 합니까?

하늘은 수많은 징조를 보여주었으며
수많은 양치기 소년을 보내
충분한 훈련을 시켰으며
수많은 양치기 이벤트를 통해
주위를 환기시키고
여러분의 잠자는 의식을 깨우고자
수많은 **뻥카**❖를 통해
분별력을 키웠으며
여러분을 영적으로 깨우고자
하늘은
하늘이 일하는 방식을 가르쳐 주고자
최선을 다했습니다.
그때가 다 되어
노아의 방주를 준비해야 하는

뻥카

거짓 메시지와 거짓 형상을 들려주고 보여주는 것을 말함.
본래 뻥카는 '뻥카드'의 준말로 포커(poker)와 같은 베팅(betting)을 하는 도박게임에서 사용하는 속어. 카드의 패가 좋지 않으면서 베팅을 크게 해 상대방을 겁먹게 만들어 소기의 목적을 달성하는 기술. 일상생활에서는 거짓말, 가짜와 같은 의미로 사용.

지금의 이 시기에
변화가 오지 않는다는 이유만으로
손가락 하나
발가락 하나 움직이지 않으면서
새로운 정보를 찾기 위해
인터넷을 검색하는 어리석은 짓을
언제까지 계속하는지
우데카는 지켜보고 있을 뿐입니다.

우데카의 글을 읽으면서도
변화가 오지 않는다는 이유로
그때가 지금임을 눈치채지 못하고
양치기 소년의 장난이라 폄하하고
진리의 소리에 귀를 닫고
행동하지 않는 낭만적 영성인은
우물 안 개구리의 합창 소리인
'변화가 오기 전에 나는
손가락 하나 발가락 하나 움직이지 않겠다'라는
믿음의 방식대로
각자의 생각의 크기대로
각자의 의식수준대로
격변의 시기를 통과하게 될 것입니다.

아무것도 잘못되는 것은 없으며
일어날 일들은 일어날 것이며

하늘은
하늘이 일하는 방식대로
일을 진행시켜 나갈 것이며
문명의 종결 프로그램과
역장*의 설치를 통한 아보날의 수여가
있을 예정입니다.

하늘은
하늘이 스스로 정한 하늘의 길을 갈 뿐입니다.
귀 있는 자는 듣게 될 것이며
눈 있는 자는 하늘의 이치를 알고
함께 하게 될 것입니다.

역장(力場)

천상정부 메타트론 그룹에서 방사능, 화산폭발, 지진, 해일 등 재난을 대비하여 인류를 보호하기 위해 설치해 놓은 에너지 보호막.

'나잘난' 사람의 착각

다른 사람을 편안하게 대해줄 수 있는 사람은
덕이 있는 사람이며
누구와 함께 있어도
걸림이 없고
막힘이 없으며
아무 불편함이 없는
경계의 자유를 넘어선 사람을 우리는
도를 이룬 사람이라고 합니다.

의식이 깨어나지 못한 사람은
자기 자신을 편하게 대할 줄 모르기에
또 다른 나인 타인을 편하게 대하는 법을
아직까지 배우지 못한 사람입니다.

옳고 그름의 잣대를 가지고
자신이 경험한 것을 기준으로
정의의 이름으로
상식의 이름으로
타인의 죄를 논하고
타인의 허물을 들추면서
자신의 마음에 들지 않는다는 이유만으로
타인을 수없이 판단하고 심판하고
자신의 자만과 교만 속에 수많은 타인을

정의의 이름으로 목을 치고 있는데
이들을 '나잘난' 사람이라 합니다.

감히 제까짓 게 나를 좋아해?
아휴~ 재수 없어 정말!
깜냥도 안 되는 사람이 나에게 말을 걸어오다니
재수 없어!
제까짓 게 뭐라고 나에게 잔소리를 해
정말 재수 없어!

하루에도 수십 명에서 수백 명을
정의의 이름으로 심판합니다.
내가 너를 두 번 다시 만나는 일은 없어!
너랑 안 놀아.

뭔가 확실한 것을 보여 주기 전
변화가 오기 전 난
손가락 하나
발가락 하나 움직이나 봐라.

똑같은 내용의 공부를
같은 공간, 같은 시간에 해도 받아들이는
의식의 층위와 이해도는 천차만별입니다.
사람마다 의식의 층위가 다르고
사람마다 경험한 세계가 다르고

사람마다 생각하는 수준이 모두 다르기에
사실과 진리를 받아들이는
수준 또한 천차만별입니다.

사람은 누구나 자기 수준에서
세상을 읽고 느끼고 있으며
자기중심으로 세상이라는 텍스트를 읽고 있으며
매순간 판단 속에 오독 속에
착각 속에 살고 있음을
우리 모두는 잊고 있는 것입니다.

자기가 판단하고 느끼는 세상이
오류나 오독일 수 있다는 생각을
한 번도 해보지 못하고
자기의 의식수준에 갇혀
타인의 세계를 함부로 재단하는
나잘난 사람이 우리 주변에 너무나 많습니다.
도를 구한다고 하는 사람과
진리를 찾는 사람과
깨달음을 구하는 사람과
수행단체를 오고 가는 낭만적 영성인,
모두가 모두를 심판하고 판단하고
단죄하며 살고 있지는 않은지요?

세상에는 너무 많은

나잘난 여사로 넘쳐나고 있으며
나잘난 사장으로 서로가 서로에게
목적과 수단이 되어버린 지 오래되었으며
서로 이해관계 속에 얽히고설킨 관계로
전락한 지 너무 오래되었습니다.

주인이 하인이 되어
세상을 빛으로 밝히기 위해 이 땅에 온
하강하는 영혼(빛의 일꾼)임에도 불구하고
자만과 교만이 가득해
오염된 세상이라는 텍스트를
제대로 읽지도 못하고
수많은 오독 속에서
오염된 텍스트를 만들어내고 있으며
수준 낮은 창조의 법칙을 배우고 있을 뿐입니다.

수준 높은 창조의 법칙을 이 땅에 실현하러 온
빛의 존재임을 망각하고
체념 속에 절망 속에서
길을 잃은 채
한 줄기 빛을 찾으며 살고 있는
하늘 사람을 찾고 있습니다.

나잘난 여사와 나잘난 사장과
몸을 쓰는 법을 잊은 채

머리만, 가슴만 쓰고 있는
낭만적인 영성인을 뒤로 한 채
그들이 설치해 놓은
수많은 이유와 변명과 명분이라는
장애물을 뛰어넘고 올 수 있는
하늘 사람
빛의 일꾼을
찾고 있을 뿐입니다.

하늘문은 참 좁습니다.
그 문을 통과할 수 있는
참일꾼을 모집합니다.
많은 참여를 부탁드립니다.

빛의 일꾼은 만들어진다

인간이 가지고 있는 믿음 중에
가장 강력하게 남아 있는 환상이 바로
성인에 대한 환상입니다.
기존 종교에서 내세우는 인물에서부터
위인이나 성인이라 불리는 인물까지
그들의 3차원에서의 삶의 단편은
좋은 것만이 가득하며
부정적인 면이나 인간적인 부분은
의도적으로 배제되면서
소위 마사지된(왜곡된) 성인이나 위인의 모습이
대중에게 하나의 상*으로 남아있습니다.

위인이나 성인에 대한 상이
하나의 텍스트처럼 고정되고 굳어지면서
그들이 구시대의 문제를 해결하기 위해
얼마나 고뇌했는지
얼마나 고통을 받았는지
얼마나 대중으로부터 외면을 받으면서
자신의 신념이나 가치를 지켜왔는지 등의
인간적인 고뇌나 번민이 사라진 채
오직 신성함과 위대한 부분만 부각되어
어둠의 진영으로부터 어떻게

아주 은밀하면서도 교묘하게
진실이 왜곡되었는지
아무도 모르는 채
고정화되고 영웅화된 성인의
모습으로 비춰지고 있습니다.

7부

옛날이나 지금이나
하늘이 일하는 방식은 크게 다르지 않습니다.
역사적으로 오래된 성인이나 위인일수록
그 시대의 의식의 각성이 너무 낮은 관계로
그 시대 사람들의 의식의 눈높이에 맞게
성인의 삶 또한 프로그램되었습니다.
그 결과 어떤 성인도
당대에는 인정받지 못했으며
그가 죽고 난 후에야
그 가치를 인정받을 수 있었으며
그 시대에는 늘 이단자였으며
요즘 말로는 사이비와 어둠 또는 또라이 수준으로
아무에게도 인정받지 못하고
원망과 한탄과 회한 속에
자신의 삶을 살다 간 경우가 대부분입니다.

이 시대에 예수님이나 부처님이 오신다면
이 글을 읽고 있는 여러분은
그들을 알아볼 수 있겠는지요?

아마도 지금 인류의 의식으로는
그 누구도 환영받지 못할 것이며
그 분들의 앞날 또한 순탄하지 않을 것입니다.

이 모든 것을 주관하고 알고 있는 하늘이
성인과 같은 역할자를 이 땅에 내보낼 때
어떤 방법을 쓸지 생각해 보십시오.
예수님이나 부처님이나
미륵이나 그보다 더 높은 분이
세상에 오시더라도 그 분들 모두
여러분과 똑같은 모습으로 온다고
생각하시면 됩니다.

일반인과 똑같은 일상을 경험하면서
오히려 일반인보다 더 가혹한 조건에서
삶을 경험하며 성장하는 것이 일반적입니다.
때가 될 때까지
사명과 역할이 시작될 때까지
의식이 깨어날 때까지는
자신이 왜 태어났는지도 모르면서
자신의 운명을 탓하며
인생을 비관하며 사는 것이
바로 성인의 프로그램인 것입니다.

그런 일반인보다도 못한

이혼남과 이혼녀 중에
20년 백수에, 노총각에
이혼을 서너 번 경험한 사람 중에
사업이 망해 거지상태로 살고 있는 사람 중에
가족이라는 등짐을 해결하기 위해
힘든 삶을 사는 사람들 중에
공처가와 애처가 중에
우울증이나 조울증이 있는 사람 중에
의부증이나 의처증이 있는 사람 중에서
성인은 그들과 같이 호흡하고
그 고통을 함께 느끼고 있습니다.

성인은 결코 하늘에서 만들어져서
구름을 타고 내려오지 않습니다.
위대한 사명자나 역할자는
가장 낮은 곳에서도
편안함을 즐길 줄 아는 사람이며
가장 낮은 곳에서
자신의 빛을 잃지 않는 사람이며
옳고 그름을 판단하지 않기 위해
모든 걸 경험하는 평범한 사람 중에
예수님과 부처님은 지금 함께 육화해 있다고
우데카는 믿고 있습니다.

이제는 때가 되어

이렇게 보잘것없는
사회적 지위나 환경 속에 살면서
시절인연이 되어
봉인封印이 해제되고
자신의 역할과 사명을 부여받고
깨어나는 사람이 있는데
이들을 일러 '빛의 일꾼'이라고 합니다.

빛의 일꾼은 이 사회에서 만들어지고
교육되고 있으며
준비되고 있었기에
그들의 삶은 일반인보다 더
가혹하고 혹독하게 프로그램 되었습니다.
이제 빛의 일꾼이 깨어나는 시기입니다.
아리랑 고개, 고개를 넘고 넘어
먼 길 돌아오는 그대들을
우데카는 기다리고 있습니다.

이제 그대들의 시대가 시작되었음을
우데카가 전합니다.
당신의 깨어남을 환영합니다.
그동안 수고 많으셨습니다.

그럴 리가 없어!!!

현상과 본질은 항상 일치할 수 없습니다.
눈에 보이지 않는 법칙과 규칙은
눈에 보이는 세계의 현상을 통제하고 지배하지만
그것의 실체를 알기 전에는
물질의 매트릭스에 갇혀있는 것처럼
우물 안에서 우물 밖을 보는 것처럼
의심이 가고 약간의 믿음이 가지만
확신을 가지지 못할 때
그럴 리가 없어!!!
그럴 리가 없어!!!

하늘이 일하는 방식을 알지 못하는
낭만적인 영성인이나 일반인의 의식수준으로
대우주의 질서와 섭리를 알지 못할 때
그럴 리가 없어!!!
그럴 리가 없어!!!

자신이 그렇게 알고 있고
자신이 그렇게 믿어 왔고
자신이 그렇게 행동했던 것과
새로운 가치관이 충돌할 때 당황하면서
그럴 리가 없어!!!

그럴 리가 없어!!!

앞으로 지구에서 일어날 경제공황과
자연재해 앞에서 인류는 망연자실하면서 지금
지구에서 무슨 일이 일어나고 있는지 알지도 못한 채
왜 이런 일이 일어나고 있는지도 모른 채
두려움과 공포에 질려 아우성칠 것입니다.
그럴 리가 없어!!!
그럴 리가 없어!!!

광자대의 영향으로
3차원 자기장 문명이 멈추게 될 것이며
인류는 전기를 사용하지 못할 때가 있을 것이며
인류 역사상 한 번도 일어나지 않은 일들이
눈앞에서 펼쳐질 때에도
의식이 각성되지 못한 자들은
그럴 리가 없어!!!
그럴 리가 없어!!!

어둠의 정부가 들어서고
그동안 음모론으로만 알고 있던 것이
대부분 진실로 드러날 때에도
모든 종교가 붕괴되고 서양의학이 붕괴될 때에도
이유도 모른 채 영문도 모른 채
그저 두려움과 공포에 떨면서도

그럴 리가 없어!!!
그럴 리가 없어!!!

자신의 우주 신분이 밝혀지고
자신의 전생이 기억나고
눈에 보이지 않는 세계를 보게 되고
귀로 들을 수 없는 세계의 소리를 듣게 되고
자신의 역할과 사명이 확인되고
역장 안으로 들어올 사람과
역장 안으로 들어오지 못하는 사람으로
나누어질 때에도 눈으로 보고
귀로 들었음에도 자신의 눈과 귀를 의심하는
인류의 한숨과 탄식 소리와 함께
그럴 리가 없어!!!
그럴 리가 없어!!!

그렇게 될 것이며
그렇게 되었습니다.

이럴 수는 없어!!!

행성의 문명을 종결하는
천상의 프로그램이 진행되면서
자연재해의 수준이
지금까지 인류가 겪어온 것과는 다른
한 번도 겪어보지 못한 대격변이 시작되면
낭만적인 영성인부터
이럴 리가 없어!!!
이럴 리가 없어!!!

세계 곳곳에서
하늘을 원망하고
신을 원망하는 소리가
멈추지 않을 것이며
신과 하늘을 향해 원망을 퍼부으면서
하늘이 있다면
신이 있다면
이럴 리가 없어!!!
이럴 리가 없어!!!

모든 것은 붕괴될 것이며
모든 것은 파괴될 것이며
모든 것이 엉망이 돼버릴 것이며
붕괴된 현실 앞에서

한 치 앞도 보이지 않는 현실을 마주하며
모든 것을 잃어버린 대중은
하늘과 땅을 보며 탄식하며
이럴 수는 없어!!!
이럴 수는 없어!!!

내가 믿고 의지했던 모든 것은
폐허가 될 것이며
내 것이라고 생각했던 모든 것도
내 것이 아님을 알게 될 것이며
처음부터 내 것은 아무것도 없었다는 것을
알게 될 것입니다.
모든 것을 잃어버리고
망연자실하면서
이럴 수는 없어!!!
이럴 수는 없어!!!

생존을 위한 냉혹한 현실 앞에서
시민들은 통곡할 것이며
무슨 일이 지금 일어나는지 알지도 못한 채
변화된 현실 앞에선
이럴 수는 없어!!!
이럴 수는 없어!!!

하늘은 인간이 정한 길을 가는 것이 아니라

하늘은 하늘 스스로 정한
하늘의 길을 갈 뿐이며
모든 것은 예정된 흐름 속에서
일어날 일이 일어날 뿐입니다.
하늘이 일하는 방식을 알지 못하는 인자들이
하늘의 뜻을 알지 못하는 인자들이
하늘문을 열지 못하는 인자들의 통곡 소리가
천지를 진동할 것입니다.
신이 있다면
하늘이 있다면
이럴 수는 없어!!!
이럴 리가 없어!!!

공허한 메아리만 들려올 뿐입니다.
하늘은 가슴을 닫은 채로
하늘이 정한 길을 갈 뿐입니다.

생존을 위한 극한 상황에 직면하다

인류의 운명이 결정되는 큰 사건이
하늘에서 결정되었습니다.
이 글을 쓰고 있는 내내
'오늘은 슬픈 날입니다'라는
내면의 소리가 끊임없이 들려왔습니다.

인류의 3차원 문명의 붕괴를 알리는
세계적인 큰 사건이 일어날 것이라는
하늘의 메시지가 있었습니다.

인류는 어둠의 정부가 설치해 놓은
종교의 매트릭스와 물질의 매트릭스와
사회 윤리와 문화적으로 꼼짝할 수 없는
매트릭스에 갇혀 살고 있습니다.
옳고 그름의 이분법적 사고와
극심한 개인주의적 성향은 기본이고
남의 눈을 의식하는
체면문화가 깊게 깔려 있으며
눈에 보이는 것만을 믿고 있으며
진리를 찾는 자는 없고
오직 명예와 물질의 이익과 풍요만을 쫓아
물질을 얻기 위해 사는 삶이 전부인 것처럼
살아가는 것이 대중의 모습입니다.

이렇게 깊이 잠들어 있는 인류가
소위 물질의 부질없음을 깨닫고
진리가 있으며
하늘이 있으며
대우주가 존재하며
자신이 어디에서부터 왔는지
진실로 진실로 깨닫는 시기가 오려면
인류가 상상도 하지 못하는
큰 변화를 동반하지 않고서는
의식이 잠들어 있으며
편견과 독선에 사로잡힌 스스로의 모습을
깨닫는다는 것은 불가능할 것입니다.

삶은 모든 부분에서 황폐화될 것이며
생존을 위한 극한 상황에
인류는 내몰리게 될 것입니다.
도미노처럼 일어나는 자연재해 앞에
삶의 기본적인 조건이 무너지면서
마지막 고비를 지날 때쯤에는
돼지가 먹는 음식을 먹을 만큼
사람들의 삶은 뿌리째 뽑힐 것이며
서로가 서로를 믿지 못하는
극한의 공포사회를 겪게 될 것입니다.

그동안 믿어 왔던 모든 가치관들이

잘못되었다는 것을 알게 될 것이며
인류가 발전시켜놓은 과학이라는 것이
얼마나 보잘것없는 것인지를 알게 될 것입니다.
인류는 식량의 부족과
바이러스난을 거치면서
의식이 깨어나기 시작할 것입니다.
그런 경험을 겪고 난 뒤에야
보이지 않는 세계에 눈을 돌리게 될 것이며
철이 들기 시작할 것입니다.

극심한 개인주의적 성향으로는
인류에게 닥친 모든 것이 붕괴되고
황폐화된 현실을 해결하지 못할 것입니다.
서로가 서로에게 힘이 되어 주어야
생존이 가능하게 될 것이며
극심한 식량부족을 겪게 되면서
인류는 전체의식의 중요성을 배우게 될 것입니다.

현 상황을 이해하지 못하는 대중은
자신이 믿는 신에게 기도하며 울부짖을 것이지만
자연재해는 점점 더 심해지고
사회의 모든 구조들이 힘을 잃기 시작할 것입니다.
신을 원망하는 소리가 하늘을 찌를 것이며
기도하는 소리 또한 하늘을 찌를 것이며
신을 찾는 소리 또한 하늘을 찌를 것이며

경천동지할 일들이 도미노가 무너지듯
연쇄적으로 일어날 것이며
인류의 희망의 불씨마저도 사라지게 될 것입니다.

이럴 리가 없어!!!
이럴 리가 없어!!!

이럴 수는 없어!!!
이럴 수는 없어!!!

하늘의 뜻을 아는 자만이
하늘이 일하는 방식을 아는 인자만이
빛의 역할을 수행하며
인류의 등대지기가 될 것이며
이들로 인해 지구행성은 희망의 불씨를
살리게 될 것입니다.

그렇게 될 것이며
그렇게 될 것입니다.

영혼을 소멸시켜 주세요.

사람이 살면서
자살이라는 극단적인 생각을
한두 번 해보지 않은 사람은 없을 것입니다.
마음공부를 했다고 말하는 사람 중에
영혼의 존재를 이해하는 사람 중에
자살보다 더 극단적인 생각을 하며
자신의 상위자아에게
자신이 믿는 신에게
하늘을 향해
자신의 영혼을 소멸시켜 달라고
더 이상 살아야할 의미가 없다고
기도를 하거나
영혼의 소멸을 요청하는 사람이 있습니다.

삶이 고단하고 힘들수록
자신의 뜻대로 되는 것이 아무것도 없는 경우
경제적인 어려움과 고통이 너무 큰 경우
삶의 의미를 찾지 못하고 방황을 할 경우
각자가 처한 삶의 막다른 골목길 상황에서
영혼을 소멸시켜 달라고
간절한 기도를 하는 사람이 있습니다.

죽어서 천당과 지옥을 가고

카르마와 인연법에 얽히는 것보다
윤회를 계속하는 것보다는
영혼의 소멸을 통해
아무것도 없는 무無의 상태로
돌아가고자 하는 생각에서
이런 기도를 하는 사람이 있습니다.

이런 기도를 한다고
자신의 상위자아와
하늘이 들어줄 리는 없으며
눈 하나 깜짝하지 않고
콧방귀조차 뀌지 않은 채
하늘은 가슴을 닫고
그에게 진행할 프로그램을
진행하고 있을 뿐입니다.

영혼의 소멸은
내가 원한다고
바란다고
희망한다고 일어나는 것이 아닙니다.
영혼의 소멸은 3차원 영역에선
일어날 수도 없으며
불가능한 영역입니다.
이런 기도를 하는 사람은
그만큼 철이 없다는 것을 말함이며

삶이 고단하고 사는 게 재미없다는 것의
역설적인 표현인 동시에
자만과 교만의 또 다른 표현이며
에고의 자기 강화이자
에고의 자기 확장일 뿐입니다.

영혼의 탄생이
우주적인 일이듯
영혼에게는 진화와 성장만이 있을 뿐이며
소멸은 창조주의 영역이며
대우주의 법칙 속에서 엄격하게 통제되고
관리되고 있는 영역입니다.
인간의 자유의지로
영혼의 소멸을 이야기할 수는 있으며
그런 기도를 할 수는 있지만
그것은 접수되지 않는 기도일 뿐 아니라
우주와 아무런 공명이 되지 않는
망상에 불과하다는 것을 알려 드립니다.

영혼의 소멸을 이야기하는
영성인과 지식인에게 전합니다.
당신에게는 아직 따뜻한 음식이 남아 있으며
당신에게는 당신이 모르는 열리지 않은
판도라의 상자가 있음을 기억하세요.
이제 당신에게 새로운 삶이 펼쳐지고자

또 다른 삶의 변곡점이 임박하였음을 눈치채십시오.
당신의 상위자아는
당신의 삶의 방향이 이제 바뀔 때가 되었음을
당신 스스로 알아채길 바라고 있습니다.
이것이 자살을 생각하고
영혼의 소멸을 기도할 그 순간
당신이 알아야 할 비밀인 것입니다.

이 우주에선
아무것도 잘못되는 것은 없습니다.
모두가 영혼의 성장과 진화를 위한
배움의 과정이자
체험의 과정일 뿐입니다.

지금 가이아✦ 지구에 무슨 일이 일어나고 있는가?

새 하늘과 새 땅을 열기 위한
가이아의 산통이 시작되었습니다.

새 하늘과 새 땅은
인류 의식의 눈높이에서 시작해서
인류의 의식이 하나둘 깨어나
모두가 손에 손잡고 함께하는
평화와 사랑이 가득한 방식으로
5차원의 정신문명이 열리는 것이 아닙니다.

대격변과 대혼란
경제공황과 자본주의 붕괴의 과정을 거쳐
인 맞은 자
선택받은 자가 나올 것이며
한 생生으로 평가되는 것이 아닌
250만 년의 모든 삶으로 평가되며
영혼의 밝기에 의해 운명이 결정될 것입니다.

하늘은 지금까지 그 모습을 감춘 채
아무도 모르게
아무도 모르게
3차원 물질 매트릭스를

7부

가이아(Gaia)
네바돈 은하의 어머니 창조주이신 네바도니아(Nebadonia)에서 분화된 의식으로, 지구를 인격적으로 부르는 말이기도 함. 지구행성의 수많은 생명체를 낳고 기르며, 진화와 차원상승을 책임지고 있는 고차원 의식.

4차원을 통해 운영해 왔습니다.
지금 일어나고 있으며
앞으로 일어날 가이아 지구에서의 변화는
경천동지할 수준이며
새 하늘과 새 땅을 열기 위한
개벽이 시작되고 있는 것입니다.

예수님 또한 인류들 속에 이미 재림하여
아무도 모르게 그때를 준비하고 있으며
수많은 미륵도 출현하여 그때를 준비하고 있으며
빛과 어둠의 마지막 보이지 않는
영적 전쟁을 위해
적그리스도라 불리는 어둠의 정부 수장 역시
자신의 임무를 알고 활동을 시작한 지
5년이 지났으며
마지막 때를 위해
모든 것이 펼쳐지는 시작점에
백두산의 분화가 있습니다.

세계적인 화산의 분화와 지진은
연이어 발생할 것이며
그 모든 것은 지금까지 인류가
한 번도 경험하지 못한 재해가 될 것입니다.

공포와 두려움은

의식각성에 도움이 되지 않습니다.
하늘은 여러분의 의식을 깨우기 위해
최선을 다할 것입니다.
종교의 매트릭스 속에 갇혀있는
여러분의 상식을 깨고
가장 무서운 신념의 벽을 깨기 위해
혹독한 환경 속으로 인류를 몰고 갈 것입니다.

인류의 의식을 깨우기 위해
눈에 보이는 것이 전부가 아니라는 것을
알려주기 위해
여러분은 영혼을 가진 여행자이며
잠시 지구라는 별에 자기 수준별로
자기 영혼의 나이에 맞추어 공부하러 온
우주적 신분을 가진
고귀한 영혼이라는 것을 알려 주기 위해

물질의 옷을 입기 때문에
먹고 사는 것이 전부로 알고 있으며
눈에 보이는 것이 전부라 믿고 있는 인류에게
지구에서의 상식과 진리를 넘어선
우주적 진리와 지혜를 알려 주기 위해
지구 대기권 넘어 광활한 우주가 있으며
여러분의 고향별이 있다는 것을 알려주기 위해

지구의 3차원 물질학교가 이제
졸업식(차원상승)을 마지막으로
문을 닫고 새로운 우주학교가
개설된다는 것을 알려주기 위해
기존에 당연하게 믿고 의지하고 생각했던
모든 것들이 부질없음을 눈치채고
우리는 불멸의 영혼을 가진
창조주의 자녀라는 것을 알려주기 위해
당연하다고 생각했던 것의
물질적 토대들이 붕괴될 것이며
여러분의 의식각성이 일어날 때까지
여러분을 혹독한 환경으로 몰아갈 것입니다.

호모 사피엔스의 의식의 각성은
생존의 극한 상황 즉, 변화의 임계점까지 가야
의식각성을 가져올 수 있기에
당연하게 여기던 수돗물이 나오지 않을 것입니다.
배고픔과 한계상황 속에서
자신이 가진 모든 생각의 거품이 빠지고
하늘이 일하는 방식을 이해하며
하늘의 냉정함과 냉혹함을 이해하며
하늘의 사랑이 얼마나 크고 무한한지 아는 인자만이
하늘의 좁은 문을 통과하게 될 것입니다.

하늘이 무너져도 솟아날 구멍이 있습니다.

하늘은 여러분에게 고통을 주기 위해
하늘은 여러분에게 시련과 아픔을 주기 위해
일하지 않습니다.
의식이 깨어나
보이지 않는 우주의 법칙을 이해하기를 바라고
오염되고 변질된
우주의 질서를 바로잡고자 할 뿐입니다.
그것을 위해 하늘이 준비한 것이 역장입니다.

위기는 곧 기회이며
기회는 곧 아픔이자 고통이며 슬픔입니다.
힘들다고 어렵다고 주저앉아 있지 마십시오.
세월이 힘들고 어려울수록
여러분 주변에
의식이 깨어나 묵묵히 빛의 길을 가고 있는
보살과 부처와 미륵이 있을 것이며
예수님 또한 대중 속에서 자신을 감춘 채
사랑과 인류애를 실천할 것이며
144,000명의 빛의 일꾼들 역시
세계 곳곳에서 인류를 위해 봉사할 것입니다.

인류를 빛으로 안내하기 위해
하늘이 준비한 인자들이
변화하는 혹독한 환경 속에서
의식이 깨어나게 될 것이며

이것을 방해하기 위해
어둠 또한 그 역할을 다할 것입니다.

지금 밖에는
겨울의 강한 눈보라가 치고 있습니다.
인류의 대다수는 여름옷을 입고 있습니다.
강한 눈보라를 어떻게 이겨내겠습니까?

다른 사람이 입고 있는 옷을 빼앗아 입을
인자도 있을 것이며
강한 눈보라에 자신의 몸을 보호하기 위해
더욱더 옷깃을 강하게 여미며
조금만 참으면 된다는 신념으로
버티는 인자도 있을 것입니다.

어떻게 여름옷으로 강추위와 눈보라를
이겨내겠습니까?
이것이 지금 이 가이아 지구에서
일어나고 있는 문제의 본질입니다.

눈보라와 강추위는 계속될 것입니다.
혹독한 추위는 계속될 것입니다.
여름옷이 다 닳아 없어질 때까지 지속될 것입니다.
이제 옷을 더 입는 방법이 아니라
옷을 벗고 실오라기 하나 걸치지 않은

내 모습을 마주하며

벌거벗고 추위에 떨고 있는

내 동료들과 함께 손을 잡으십시오.

서로의 체온으로

부끄럽지도 않으며

불편하지도 않으며

아무런 가식도 없는

그 마음 하나로

의식이 투명한 알몸으로

서로가 서로에게 힘이 되어 주십시오.

가식을 버리고

잘못된 신념이나 가치를 버리고

옳고 그르다는 좁은 편견을 버리고

모두가 하나의 의식으로 함께 하십시오.

이기적인 나를 버리고

내 안의 큰 나를 깨우고

상처입고

소외되고

웅크리고 있는

나를 용서하고

자신의 상위자아에게 도움을 청하고

자신이 믿고 있는 신이나

그 이상의 우주적 존재들에게

사심이 아닌 공심으로 도움을 요청하십시오.

한 치 앞도 알 수 없는 길 위에서
도저히 불가능해 보이는 상황에서도
하늘을 믿고 가십시오.
이것이 바로 전체의식으로 가는 길이며
어린아이처럼 순수한 마음이 된 이후에야
여러분은 좁은 하늘문을 열게 될 것입니다.

세상은 지금
바람 불고 추운 겨울이 시작되었습니다.
힘들고 어려울 때만큼 귀한 친구는 없습니다.
우데카는 여러분에게
추위에 맞서 옷을 벗으라고 합니다.
그 옷을 입고서는 예수님과 미륵을 볼 수 없으며
만날 수도 없기 때문입니다.
두렵고
힘들고
고통스럽겠지만
낡은 의식의 옷을 벗지 않고서는
더 많은 옷을 차지하기 위한 싸움으로는
승산이 없기 때문입니다.

싸움의 대상자는
스스로 옳다고 믿는 신이며

스스로 진리라고 믿고 있는 가치이며
세상 모든 사람이 옳다고 믿고 있는
물질에 중심을 둔 가치이며
싸움의 상대는 바로 여러분 자신의 에고이며
분별력과의 싸움이기 때문입니다.

낡은 옷을 벗고
낡은 가치를 내려놓고
서로가 서로를 의지해 가십시오.

귀 있는 자
눈 있는 인자를 위해
이 글을 전합니다.

깨어남을 위한 하늘의 선물

나와 같은 생각을 가지고
나와 같은 마음을 가지고
나와 같은 의식을 공유할 수 있는
사람을 만난다는 것은 축복이자 행운입니다.

지구에서 물질체험을 하고 있는
모든 영혼은 다 고유한 프로그램과
고유한 진화과정 속에 있기에
체험하고 배우는 과정이 다르기에
모두를 하나의 규범 속에서
모두를 만족하는 수준의 철학적 담론을
이야기할 수도 없으며
모두에게 공감할 수 있는 진리를 펼친다는 것 또한
불가능한 것이 현실입니다.

이 책은 우주적 진리에 대한 갈망이 있는 분을 위해
새로운 영적인 대각성의 시대를 준비하기 위해
펼쳐놓은 책입니다.

이 책은 새로움과 낯설음 그리고 독설 속에
우주적 진리를 품고 있는 책입니다.

시절 인연이 있는 모든 분을 위해
좁은 하늘문을 열기 위해 준비된 인자들과
하늘의 뜻을 땅에서 펼칠 하늘 사람들을 위해
기획되고 준비한 책입니다.

귀 있는 자는 듣게 될 것이며
눈 있는 자는 보게 될 것이며
마음이 열려 있고
의식이 열려 있는
준비된 빛의 일꾼들에게는 파벽비거破壁飛去의
진수를 느낄 수 있을 것입니다.

하늘을 가슴에 품고 살아가는
모든 인류에게
대우주의 사랑을 전합니다.

이 글을 읽고 있는
당신의 깨어남을 위해

하늘은 늘 당신과 함께 하였으며
당신과 한 순간도 분리된 적이 없으며
당신 삶의 모든 것은
당신의 삶처럼 보이고
당신의 자유의지처럼 보이지만
당신의 삶은 하늘과 공동으로 창조되었습니다.

하늘의 뜻이 있었기에
땅에서의 펼쳐짐이 있었으며
보이지 않는 세계가 있기에
보이는 세계의 펼쳐짐이 있으며
보이는 세계는 보이지 않는 세계의
완전한 통제 속에 있습니다.

대우주의 비밀이 담겨져 있는 책입니다.
이 글을 읽는 당신이 그것을
눈치채고
알아채기를 바랍니다.

시절 인연이 있는
하늘 사람에게

빛의 일꾼에게
차원상승의 대상이 되는 인류에게
하늘의 선물을 드립니다.

2016년 2월 20일
청주에서
우 데 카

종교의 매트릭스와
우주의 진실

2016년 3월 3일 초판 1쇄 펴냄
2018년 1월 20일 초판 2쇄 펴냄

지은이 | 우데카
펴낸이 | 가이아

펴낸곳 | 빛의 생명나무
등 록 | 2015년 8월 11일 제 2015-000028호
주 소 | 충북 청주시 청원구 직지대로 855 2층
전 화 | 043-223-7321
팩 스 | 043-223-7771

ISBN 979-11-956656-4-8 03200
＊잘못된 책은 바꾸어 드립니다.   ＊책값은 뒤표지에 있습니다.